THE HEART OF THE FIGHT

A Couple's Guide to Fifteen Common Fights, What They Really Mean, and How They Can Bring You Closer

好好吵架！

深入內心，挖出渴望，讓親密關係再進化

茱蒂絲‧萊特 Judith Wright EdD &
鮑伯‧萊特 Bob Wright EdD／著
蔡宜容／譯

名人與專家推薦

◆對於想要創造眞實而堅強關係的人來說，這是一本充滿啓發性，讓人眼睛一亮，深具提醒效果的作品。不論促進友誼、商業夥伴或夫妻關係，這本書都提供非常實用且有效的方法。本書挑戰現況，讓我們以全新的方法看待事物。——傑克・坎菲爾（Jack Canfield，紐約時報暢銷書冠軍《心靈雞湯》系共同作者）

◆我認識萊特夫婦很久了，始終對他們處理伴侶關係與人生的務實態度印象深刻。他們的理念兼具實用性與完整性，走在時代尖端，從來不給簡單的答案。他們的方法與研究深具開創性，在相關領域占有一席之地，能夠以最實用、最有效的方法，徹底激發伴侶與個人潛能，讓雙方到達最滿意的狀

態。——柏奈特・拜恩（Barnet Bain，《*Milton's Secret*》導演、《美夢成眞》製片）

◆茱蒂絲與鮑伯在書中展現了研究伴侶關係與人類行爲三十年的心得，同時加入自己長期經營婚姻的經驗，提出擴展讀者眼界與心靈的眞實觀念：我們認爲伴侶關係中應該避免的衝突，其實要勇敢面對，才能達到眞正的情感連結、親密與共同成長。——派翠西亞・克莉斯芙利（Patricia Crisafulli，www.faithhopeandfiction.com網站創辦人）

◆對伴侶而言，這是一本眞正實用的手冊。書中的祕密在於，鮑伯和茱蒂絲以廣泛的伴侶諮商爲基礎，解釋了「爲什麼美妙的伴侶關係需要爭吵」。不要停止爭執，在爲幸福而戰的過程中，使用書中教導的適當且富創造性的技巧，從爭吵中學習。——賴瑞・柯許鮑（Larry Kirshbaum，時代華納圖書集團前執行長）

◆情侶討厭衝突，員工討厭衝突，你的寵物也討論衝突。但是，衝突以及隨之而來的爭執是無法避免的；而且你愈是深愛某人、愈是想要愛某人，就會有愈多的爭執發生。如果你們能在內心充滿愛的情況下公平地爭吵，就能增加親密感。茱蒂絲和鮑伯在書中說明「正確」及「錯誤」的爭吵方式，對伴侶們而言是相當少見且珍貴的書籍。——馬克・瓦德門（Mark Robert Waldman，《*How Enlightenment Changes Your Brain*》共同作者）

◆過度追求「天作之合」的理想，反而讓我們走上失望之路。每一種關係都會產生衝突，在業務往來或人與人之間皆是如此。因此，學習提升「建設性不滿」的能力，是維持關係成功且長久的眞正關鍵。這是一本突破性的作品，討論如何利用衝突的力量，讓彼此更契合。眞正的契合不是披著童話糖衣那種，而是透過經驗分享，深刻了解對方，建立恆久互信、堅定又活力滿點的契合。——布雷恩・巴爾雷特（Blaine Bartlett，阿凡達資源執行長）

◆關於如何以更好的方式愛伴侶的書籍，我讀過不少，卻從來沒看過教人如何改善「吵架」技巧的。我們都知道吵架無法避免，那麼何不學習如何以更公平的方式爭吵？對我來說，這非常合理。鮑伯與茱蒂絲不僅從基本觀念切入，更提出一套獨特的策略，協助伴侶透過爭吵達到眞正的目的——建立持續成長茁壯的關係。——瑪莉莎 G. 威爾森（Melissa G. Wilson，《*Networking is Dead*》共同作者）

◆如果你可以變成一隻停在牆上的蒼蠅，你會聽見多數伴侶間的爭吵導火線不外書中提到的這十五種。弔詭的是，這些爆炸會同時將許多寶藏炸出土，如果好好挖掘，有助於強化伴侶關係。鮑伯與茱蒂絲以三十年伴侶諮商的經驗爲基礎寫出這部作品，對所有處於或者希望踏入伴侶關係的人來說，都不該錯過。——大衛．麥格（David Mager，Deepak家居事業共同營運長）

前言

擁抱衝突，找到更美好的愛

我們將竭盡所知，與你分享如何深入檢視爭吵的核心。本書以我們所做的伴侶研究與觀察爲基礎，輔以可信賴的心理學理念，以及當前針對人際關係與神經科學的研究，可望提升以下四點效益：

◆吵出個名堂，愈吵愈親密，而不是愈吵愈疏離。

◆確認爭執背後的深層動機。

◆學習，並試著多滿足一點內心的渴望。

◆多多體驗深刻的愛。

準備展開一場建立關係的冒險旅程吧。我們會提供工具，以協助你探索兩人世界的可能性——從今以後，學著讓人生過得更深刻。我們將與你分享，如何挖掘伴侶爭執過程中眞正的問題所在，特別是你自己的內在癥結。這份體認將指引你超越爭執，進入共同學習、成長與改變的難忘旅程。

多年來，我們在萊特研究所（Wright Graduate University）與許多伴侶共同探索，並推廣**實現人類潛能**相關課程，這本書正是集結上述努力的成果。本書文字簡單易懂，整合了課程所需的理論與研究，其中包括我們稱之爲「人類互動進化技能」的精華。

「共通性」是我們研究工作的主軸。這意謂著我們與你同步學習，同步成長。你會讀到許多關於我們相處的內容，毫無遮掩，坦誠相對——以及在這份關係中，我們如何持續應用「幸福六招」；當然，你也會學到這些招式。當書中出現第一人稱敘事，就是我們其中之一正在與你分享。

我們以十五場爭執貫穿全書——各種衝突類型的表面看來也許不同，相似之處卻非常多。你可以在任何兩場爭執裡找到極大的差異，就像非洲馬賽族戰士與瑞典醫生那樣的南轅北轍，但是，它們依循同樣的規則展開，揭露同樣的人性真實面。關於「誰去丟垃圾」的爭論，乍看之下似乎與嫉妒引發的混戰毫不相干，不過，如果仔細探究爭吵的核心，你會發現共同的重點與動力。

同時也要請你理解，許多伴侶關係的信念都建立在迷思與誤解的基礎上。準備挑戰那些你一直以來所接受的、關於人際關係的教導吧。不妨從以下幾個踢爆迷思的眞相開始：

◆化學反應不會創造美好的伴侶關係。
◆找到對的另一半不是終極答案。
◆努力經營你的伴侶關係於事無補；努力經營自己才是王道。
◆溝通技巧不會引領你走向美好的伴侶關係，化解歧見不是處理爭吵的最好方法。
◆發展伴侶關係的目的不是爲了讓你快樂，而是讓你成爲最好的自己。

聽起來不大一樣，對吧？它同時也是一種更好、更切實際的處理伴侶關係的方法，我們希望你會同意。

如何善用這本書

本書分爲三部分：第一部分戳破伴侶關係的迷思，確認深入爭吵核心的好處多多。第二部分逐一爲你解說幸福六招，提供深入爭吵核心的技巧與實務應用，讓你在學習體驗的同時有所領悟。這些技巧不只可以讓你們化解歧見，更能在彼此滋養的親密中，汲取豐富經驗。第三部分則是給你一個機會，以全新視野探索你的親密關係。

你可以在每個章節讀到兼具娛樂性與啓發性的故事，內容均來自現實生活中與我們共同進行計畫的多對伴侶。你也可以讀到如何有效爭吵、如何避免無謂衝突的建議。你同時也會發現許多引人入勝的研究與案例，取材從神經科學領域到風靡百老匯的存在主義，凡此種種都讓我們的建議更具洞察力。

就算你目前沒有伴侶，照樣可以使用這本書。你也不需要知道任何相關科學知識。這本書將科學知識融入解釋「幸福六招」的明確過程，輔以許多實務操作與實驗，協助你找出對自己最有成效的方法。你不需要立刻開始進行實驗，永遠都可以繞一圈再回來，晚點再做。最重要的是，讀下去。

你將會讀到許多與一般價值期待不符，或者違反所謂生活智慧的論述，但這些才能夠眞正解決問題。這就是我們爲什麼要檢視，並揭穿日常生活中常見的「神話」。想要深入爭吵核心，你必須先確認自己有哪些迷思，並了解它們究竟如何悖離現實生活中不假修飾的親密關係。

當你看見本書列舉的許多技巧與演練，請記得，不論它們是否眞的派上用場，當初設計的目的是希望它們成爲種子，深入你的潛意識心靈，當你在探索人生時，能藉此開創豐富視野的可能性。透過**為幸福而戰的六大技巧（幸福六招）**，你可以深入爭吵核心，在簡單易懂的架構下鞏固你的全新洞察力。小舉動能帶來大改變。你會了解深植在爭吵核心的渴望，並學會如何釋放它，隨之找到新的互動之道。不要對我們的說法照單全收。實際體驗幸福六招，然後找到屬於你的密技。

這本書不談衝突管理，而是要你擁抱衝突，找到更美好的愛與更大的滿足。我們要請你重新檢視你的伴侶關係價值，面對自己最尷尬的人格特質，以及最混亂、最丟臉的爭吵，從中釐清眞正的動機。

閱讀時，請備妥你的幽默感。在自我接受的過程中，我們總是珍惜笑聲與幽默所扮演的角色，這能夠幫助我們剖析衝突。那麼，準備大笑，準備感受驚喜吧！在挖掘伴侶衝突原因時，甚至準備落淚吧！深入爭吵核心，透過衝突，發現這場親密關係探險之旅的豐富性。

目次

Part 1

眞實的關係

打破迷思，建立新視界。

Chapter 1
親密衝突的冒險之旅

「你們確定不考慮離婚？」婚姻顧問這麼問我，這是雙人諮商的中場休息時間，鮑伯離開去洗手間。

我懷疑地看著他。「不考慮。爲什麼這麼問？」

「因爲你們在吵架，吵得好兇。」

這位婚姻顧問不了解什麼是深入爭吵核心。他以爲激烈的爭吵意謂著一段惡劣的關係。他對於我們如此投入地眞實表達情感的程度，感到非常不自在。

這是我們進行婚姻諮商的過程中，第二次有諮詢師被我們的爭吵搞得心煩意亂，卻忽略我們正在進行一場眞心誠意的互動與成長探險。我們都清楚地知道，要在這份關係中學習，並成爲最好的自己——即使爭執著想要改變對方的行爲，總不忘反求諸己。

鮑伯有他據理力爭的理由，但他和我一樣，從來不把離婚列爲選項。我們深愛彼此，樂意接受這種眞誠坦率、合而爲一的挑戰。我們的關係從來不曾出現嚴重的問題。我們總是爲了找到結論而爭吵，從來不是爲了排斥或懲罰對方。我們接受諮商並不是因爲相處出現「麻煩」，而是藉此可以解決爭端，能更深刻地觀察伴侶，同時更理解自己。

我們的爭吵當然不是（現在仍然不是）你想像中那種優雅、深具啓發性的辯論，反倒夾雜著來回跺腳、吼叫，令人沮喪的言詞交鋒，以及沉默退守。爭吵過後，當我們找出問題癥結點，總是能讓我們進一步了解自己，同理對方，並重返親密。現在，我們的爭吵多半很快就結束，快到我們的工作夥伴提出抱怨，說他們根本來不及拿出手機錄影（做爲有效解決爭執的案例）。早期，我比較屬於防衛型，不願意面對自己的黑暗面，不願意承認眞正的自己並不如外表給人的印象那般善良可愛。有時候，我眞的想傷害鮑伯。我下意識想傷害他的意圖，其實是一種希望被了解的錯誤嘗試——如果他體驗到我的感受，也許最終就能夠了解我！我看見自己不斷把過去的遭遇投射在鮑伯身上，我發現自己對他渴求的，其實是自童年延續至今的某種需求，至於我對他偶爾保持距離的態度發飆，那就是藉題發揮了。

我們爭吵時，鮑伯的表現通常比我有擔當，他較常發洩憤怒與受傷的感覺，較少顯露脆弱與恐懼。最後，我們會冷靜下來，回到彼此互相信賴的角色。這時，我們通常對爭吵過程中浮現的訊息，以及個人收穫，感到驚訝，當然還包括我們之間親密感進化的程度。

早期，我們在建立關係的領域開發全新方法，主要是受到鮑伯研究人類潛能活動的啓發，此外，也受到阿德勒學說、發展心理學與存在心理學的影響。我們依循部分原則，但沒有標準模式。比起一味裝好人或小心翼翼地遣詞用字，直接爭吵、把話敞開了說，能讓我們的互動更密切，彼此更了解，同時更親密。

並非只有我們這麼做。我們從事關係輔導，帶領伴侶計畫與團隊超過三十年，幾乎跟我們結婚的時間一樣長。我們有幸與數以百計的伴侶們共事，不只是關係生變的伴侶，更包括想要在兩人關係與生活中創造最大價值的夥伴。我們看過伴侶們走過關係中的各個階段，知道長遠來說什麼才是管用的。我們爲伴侶提供的輔導、訓練及計畫，從婚前開始，涵蓋婚姻中各個階段，甚至到他們的孩子大學畢業之後。

我們針對擁有親密且活力充沛的關係，同時生活中各方面表現都很突出的伴侶進行研究，內容頗具開創性。我們發現這些人遵循的進程，不只幫他們深入爭吵核心，也引領他們走向深度親密，並在生活中各方面得到滿足。身爲研究者與老師，我們也能從比較大的面向來檢視伴侶關係中發生的爭吵。我們成立有口碑的研究所提供碩、博士學位，培訓專業輔導員與計畫領導者，整合最佳人類互動進化技能、最新行爲與神經科學研究。

我們知道如何才能擁有眞正親密、活力充沛且充滿愛情的關係——這跟你想的不一樣，同時也跟我們一直以來透過家庭、民間故事、媒體、流行電影或小說得到的訓練大不相同。

美好關係總在大吵後開始，因爲你值得

你想得到最多的溫暖與愛意？代價就是面對現實。你嚮往深刻的伴侶關係？學著展現內在最眞實的自我吧。對親密交流感興趣？那就先讓自己得到滿足。簡單來說，你想要以摯友與愛人的身分創造一段美好的關係？就準備迎接火爆爭吵吧。

不幸的是，大多數人（包括許多專家）不知道如何爭吵，或者吵架次數不夠多，甚至根本不吵！他們傾向教導解決衝突，而不是完成衝突。事實與傳統看法正好相反，衝突可以成爲伴侶間更親近的祕密武器，而不是即將拆夥的徵兆——至少對某些伴侶來說的確如此，因爲他們知道爲何而吵、如何爭吵，以及想要吵出什麼結果。

這些「戰鬥」可以推動我們，幫助我們以持續深入的愛爲基礎，達到更高層面的親密與信賴關係。這樣的戰鬥要打就得打全套，包括爭吵、衝突對抗，以及口頭交鋒。要啓動「全套模式」，同時需要依循特定規則，你將會在本書中陸續學到相關技巧。多數人都會鬥鬥嘴，吵吵架，卻不知道依循全套模式規則，可以幫助他們深入自己的內心。他們只想趕快把架吵完、吵贏，或想個辦法讓它消失。多數探討伴侶關係，以及提供婚姻與關係建議的書籍，都是爲了設法控制爭執的發生，內容充斥各種誤導，引領讀者試著重返肉麻當飯吃的蜜月期。他們試圖避免爭吵，充其量藉此強化雙方共同努力的心態，而不是抓住機會在爭吵中學習與成長。

挺過十五場爭吵，讓關係更黏或喊卡

想要了解「對」的爭吵方法前，先想想爭吵的類型。透過爲關係中的各種戰鬥分類，可以幫助你確認自己面臨哪一種。你會立即與己身相關的伴侶爭吵類型產生共鳴，進而分析個人爭吵風格及內容。

以下概要敘述十五種爭吵。我們選出最常見的類型，並說明你可以藉此學習培養的相關技巧，同時也展現如何在爭執與發展關係時實際發揮作用。全書將不斷提及這些爭吵類型。我們探討的主題不在於爭論的重要性，而是對你們來說，爭吵的意義是什麼，透過爭吵能夠學到什麼。伴侶常常爲了檯面上的問題起爭執，事實上，檯面下的問題才攸關彼此內心的想法，才是眞正需要處理的。

看看這十五種爭吵類型，想想它們在你的伴侶關係中如何呈現。

❶ 怪罪遊戲

這類爭吵主要是爲了揪出到底是誰犯了錯——誰安排這個爛透了的假期；誰選了一家差勁的餐廳；誰讓一位顧人怨的訪客待那麼久；或是誰先吵起來的。找人揹黑鍋與找出爲什麼出錯，兩者大不同。前者是懷抱惡意，後者則是一種學習。在怪罪遊戲中被抓，通常只會帶來沒完沒了的不愉快，無法做出眞正的改變。

爭論時，與其忙著怪罪對方，不如搞清楚自己爲什麼這麼火大，究竟什麼地方出錯了，現在跟以後該如何改變。深入看問題，你會找出自己這麼執著於「定罪」的原因。然後，你就可以專心思考如何才能讓自己滿意。

❷ 馬桶蓋掀放與其他家事爭端

家務分擔、馬桶蓋掀或放，忽略甚至不知感恩辛苦打掃的另一半，凡此種種引發小口角的家事爭端，含括範圍從誰該洗碗、誰該接小孩、誰該煮晚餐、誰該洗衣服，乃至家事應該怎麼做。這類爭吵主要是爲了責任分配，或者輕視、貶損對方的家務貢獻。

所有關係在下意識層面都涉及權力與控制的拉鋸戰，往往透過「誰做了什麼」或「事情該怎麼做」之類的口角，表現出來。如果雙方只是鬥嘴而不解決問題，或者其中一方認輸，只求停止爭吵，那麼你們什麼也學不到。這種家務責任「對決」不會拖垮伴侶關係，反而是伴侶關係成長的好機會。這些小衝突的發生自有其目的，它們能協助解決問題，或至少凸顯問題所在，否則這些問題將逐漸侵蝕兩人的關係。

❸ 為錢爭執

財務爭執——不論是關於賺錢、花錢，是否依照你的方法使用與管理金錢

（或者不管理）——對很多伴侶來說，都是很容易引爆衝突的話題。爭吵的爆點從「你瘋了嗎？我們怎麼負擔得起！」到「你這個小氣鬼！」或者，剛開始氣氛挺不錯的，其中一人出自關心地說：「你怎麼不爭取加薪？」而當對方的回答無法令人滿意，關心很容易轉變成怒氣：「你就是少了那股追求成功的衝勁。」

金錢——缺錢，想辦法賺更多錢，怎麼花用，怎麼管理——也許是很實際的關心；無論如何，金錢只是爭論的表面主題。對不同人來說，金錢以強而有力的形式，象徵許多不同的事物。這類爭吵背後，通常隱藏著自我價值或安全感的問題。它們可能源自於被感謝的渴望、希望日子過得像鄰居那麼優渥卻無法達成而失落，或者需要社會地位肯定。我們都希望被愛，也常常誤以為足夠的金錢等同於足夠的愛。從生物進化論與神經科學角度來說，足夠的資源攸關能否生存，這是我們的本能思考，因此，金錢匱乏的威脅將啓動（通常是非理性的）原始恐懼，以及激烈的爭吵。

❹ 隱藏的中指

你一言不發地走開，內心沸騰，怨憤難消——該是打冷戰的時候了。你釋放出「給他點顏色瞧瞧」的訊息，卻幾乎都是「有傳沒有到」。什麼也沒解決，彼此的關係從來沒有更進一步。

伴侶之間的爭吵可能是一片死寂；你不必提高音量，甚至不必開口就能說「去你的」。事實上，隱藏的中指通常需要沉默做掩護。你可以假裝根本沒有發生爭執。彼此交換意見在表面上看起來可以很平和，甚至很友善，但內心深處卻完全不是這麼回事，這種消極挑釁的行爲只會腐蝕彼此的關係。

將討論切入眞正引發不安與憤怒的癥結，讓隱藏的中指顯露出來，這點至關重要。有些伴侶就是缺乏社交情緒智商。透過開發表達感覺的能力，釋放隱藏在中指後面的情緒，促進互動，可以提高對彼此的了解、親密感與滿意度。

❺ 欲求不滿

這類爭吵的理由可以從「你從來沒心情做！」到「你滿腦子只想做。」「你只是隨便做做。」或「你不再覺得我有吸引力了。」這類爭吵的重點，其實不只是性的親密感，從中可以挖掘如何讓性愛更美好的寶貴資訊，改善彼此的關係，當然包括性關係。深入觀察性愛背後的不安，直擊問題核心，可以避免發生破壞性爭吵，重挫雙方的自信心。

我們的研究顯示，成年人對性的需求往往次於尚未實現的發展需求。成熟的性能量的確在發展過程中扮演非常重要的角色，但是，我們的內在仍然保有性成熟之前非常「稚嫩」的需求，即等待被確認、被看見、被了解、被關懷。探索彼此隱沒在深處的渴望，可以加深親密程度，讓溝通的層次超越每週歡愛的次數。事實上，如果伴侶們不把重點放在數字上，而是追求吵得有內容、吵得有成效，「次數」通常會向上飆。

❻如果你真的愛我，你就會……

如果你眞的愛我，你就會戒菸、早點回家、不必等我開口也知道該買什麼給我，不會花那麼多時間看電視，會少花點時間打電動、忍住不買那麼多雙鞋、打扮得像樣一點。這類爭吵可以變化出無限多種花樣：「如果你眞的愛我，你媽批評我的時候，你會跟我站在同一陣線。」或者「如果你眞的愛我，就不會那樣跟我說話。」

別被這種錯誤的假設搞昏頭，老以爲戀愛中的人都應該會讀心術，而且對各種要求無條件服從。這類對話的重點，在於了解爲什麼你或伴侶，要打出這張牌：「如果你眞的愛我」。深度的理解蘊藏在愛的爭論裡，透過爭論找出愛對彼此的意義，以及愛的責任是什麼。你們也許各自懷抱不同的觀點，但是，誠實面對可以幫助你對抗重要的情緒路障，提升這份關係的品質。

❼我受不了你……

「我受不了你一直嘮叨。」「爲什麼你非得這樣對待女服務生？」「我們不是在野外耶，咂嘴咂成這樣太粗魯了。」突然間，你就是受不了伴侶咀嚼、走路、吃東西或說話的樣子。單純的生活小習慣可以把你惹毛並打從心底嫌惡。以前覺得好可愛的事情，如今讓人心煩：「如果他再這樣，我就要尖叫了。」或者「每次她用那種聲調說話，簡直像有指甲刮過黑板。」

幾乎所有事情都可以變得好煩人，都可以讓你感覺討厭或火大。剖析「你把我惹毛」這類爭吵，你會發現許多沒有表達出來的憤怒，原來都被掃進地毯底下藏起來，害得你現在每走兩步就被絆一跤。一陣笑聲、扳扭指關節的聲音、某種特定的臉部表情、曾經惹人憐愛的神經抽搐，如今都可以把你逼瘋。的確有什麼把你惹毛了，但不是你想的那樣。你必須確認更深層的問題，才能讓彼此的關係更進一步。

❽ 比起我，你更愛……

「比起我，你更愛購物／工作／孩子／你的手機……」是這類爭吵的主題。它可能是直接指控，或是以碎念、百般挑剔等迂迴的方式進行：「拜託，放下你的蠢手機好不好。」或臉上帶著假笑的感嘆：「你打高爾夫的時間都比陪我的時間長。」或直接要求：「不要逃避我。」或持續抱怨：「當我需要時，你都不在。」不論它以什麼型態出現，通常都是對「更愛其他事物」的另一半還以顏色或出手懲罰。這種方式不會讓伴侶間更親密，只會讓兩人漸行漸遠。

❾ 家族紛爭

上回，我參加歐普拉的脫口秀，中場休息時，這位充滿傳奇與智慧的電視主持人雙手一攤，搖著頭要求我比預定時間提早上場，因爲她的來賓言行好失控。節目內容是姻親之間的爭執，歐普拉說：「你去搞定他們！」

家族紛爭以各種形式發生，爭吵導火線包括姻親惹人反感的行為（你媽快把我逼瘋了），干涉與打擾（如果你爸再插手，我就……），或無法妥善因應父母對另一半的惡劣態度（你媽把我當垃圾一樣看待，你卻什麼也不管）。

家族紛爭很麻煩。對家族的忠誠讓人困惑，使得戰線愈拉愈長。若能釐清這些「鬥爭」，找出核心問題，它們就能成為最具啟發、最有成效的爭執。好好處理，它們可以成為強迫成長的力量，讓你更加獨立自主，有能力和伴侶一起強化彼此的忠誠、牽掛與愛情。哲學家與心理學家認為，這是個性化、成為獨立自主個體的過程。

❿ 早就告訴你會這樣

這類爭吵通常都有固定模式。語帶嘲諷，踏進「早就告訴你」的領域，鬼打牆似的原地打轉。每個人都做過錯誤的決定，沒有人希望被人以輕蔑的口氣提醒。這類「早就告訴你」的爭吵，可以在伴侶間築起高牆，也可以築起互相了解的橋梁，深化彼此的關係，端看你能否讓討論的層次超越輕蔑與嘲諷。

如果完全避開「早就告訴你」的爭執，你就無法與伴侶共同評估這份關係的優點與缺點。在這類爭吵中，你們可能陷入阿爾弗雷德．阿德勒（Alfred Adler, 2009）所提出的「自卑—優越」情結，兩人之間出現一方強、一方弱的拉踞力量。如果深入探索「早就告訴你」的爭吵模式，可以清楚看見自己的限制性信念①，以及在這份關係中造成自卑感或優越感的根源。你可以開始改變限制性的思考方式與感覺，以實際行動向自己與伴侶確認欲共同打造更強壯、更美好關係的決心。

⓫ 你總是……／你從不……

我們在爭吵時，動輒就把情況形容得很極端：你**總是**這麼做，你**從不**那樣做。事實上，人類行爲幾乎沒有「從不」這檔子事，也很少出現「總是」的狀況。拋出這樣的指控，會點燃抗拒的火焰，引爆反擊。你總是怎樣，你從不怎樣，造成這類爭吵的導火線是無助感，因爲另一半無法滿足你的需求，或忽略你的要求。

總是與**從不**都是模態邏輯詞，限制了事物的眞實性與可能性，並且成爲自

譯注
① 限制性信念（limiting beliefs）：一些經由教育及經驗而習得的約束性防禦信念，包含「我不夠好」、「人都是自私的」，以及「如果……就……」的各種預設推論等。

我實現預言的陷阱。它們排除了例外與變化的發生。一旦我們在爭吵時使用**總是**與**從不**這幾個字，很容易退化到小學一年級程度的鬥嘴：「我才沒有這樣。」「你還不是一樣。」這類爭吵很容易導致自我實現預言，因爲你無法眞正相信自己的需求可以得到滿足。屢次嘗試溝通內心的不悅，卻覺得一再被打槍，這種經驗也會引發爭吵。其他原因還包括找不出解決之道，或者累積怨氣到一定程度終於爆炸，於是狂批並貶損對方的行爲。

⑫ 被欺騙的感覺

隱瞞祕密、說謊、不守承諾，這些欺騙的形式通常會引發令人痛苦，甚至非常火爆的爭吵。當人們發現自己受到欺騙，首先是盛怒，然後進入以下幾種類型的爭執：

◆ **你為什麼不告訴我**：「你老闆考慮讓你升官。」「你從我們的帳戶裡提款，賣掉我們的債券，還把房子拿去二胎貸款。」「你申請了一個我們得搬到外地的工作。」「你在臉書上跟人調情。」「你跟前女友或前男友共進午餐。」「你眞的不喜歡我做的肉排。」

◆**你對我說謊**：「你說你爲了工作去受訓，但是喬伊說他看見你在打高爾夫球。」「你跟我說你會工作到很晚，原來是跟美眉去喝酒。」

◆**不守承諾**：「你承諾我們會有一間新廚房。」「你說我們永遠不會再搬家。」「你發誓不會再跟那群哥兒們整晚鬼混。」「你答應過要做什麼之前會先跟我商量。」「你說好了要減肥。」「你答應過從那個戶頭提款之前會先跟我討論。」

爭吵的目的是想了解承諾、祕密或謊言的本質，並且挖掘隱藏在欺騙背後的理由。謊言的內容不是問題。隨意敷衍，甚或掏心掏肺的告解（我以後一定會改進），也不是我們想要的答案。爭論的焦點在於「信賴」：爲什麼他或她覺得無法相信另一半？伴侶該怎麼做才能重建信任？把缺乏安全感、不信任的議題，以及潛伏在欺騙背後的恐懼，攤開來檢視。這過程可能非常痛苦，但是，不論對個人或伴侶關係都十分具啓發性，而且很療癒。

⓭你跟你媽／你爸一個樣

這是一種很容易引爆的爭執，而且往往傷人至深，特別是當你長久以來最害怕的就是變得跟自己的媽媽或爸爸一樣。你的伴侶正好利用這一點，所以才讓這幾個字殺傷力十足。如果這場爭執只是要辯論誰說對了，或者你是否眞的跟你媽／你爸一個樣，那麼伴侶關係就不會有任何進展。如果爭執是爲了伴侶的某種特定行爲或態度，與他的父母相似，你就可以利用這個機會，發展出更有深度、夠有收穫的衝突。也許你擔心你和伴侶之間的關係，會跟你父母的一樣。也許你做出自己明知具破壞性、與父母相似的舉動，是要傳達給伴侶一個更深刻的訊息，讓對方明白你的生命中缺少什麼。

把「母親—父親」的爭論當成高倍放大鏡，檢視你的過去如何衝擊你現在的關係——你的成長背景以及與父母的互動，如何影響你這個人，以及你的伴侶關係——思考你如何做出改變。以下問題能引導彼此更深刻地了解對方，像是：你媽或你爸的行爲哪裡不對勁，是什麼讓你覺得有問題？它激發什麼樣的情緒？你覺得它應該怎麼呈現比較好？什麼是你想要的理想行爲與結果？透過這些問題，你必須面對痛苦與憤怒的內在根源，然後你就可以敞開心胸去接受並深愛你伴侶本來的模樣，而不僅是你的父母或過去的投射。

⓮ 你變了／你就是死性不改

「你變了。」「爲什麼你不能像以前一樣？」「你以前都不會做這種事。」「難道我們約會時，你都戴上假面具？」或者「你就是死性不改。」「你行動之前怎麼就不能想一想？」「你根本不想改變。」「只要你願意，就能做出改變。」當人們把改變當成愛情的石蕊試紙，這類爭吵就會變得特別激烈。

不管你的伴侶變了或者不會改變，你感覺受傷、生氣，甚至遭到背叛。如果你刻意隱忍，避免針對這件事起爭執，被背叛的感覺將會延續，並且對彼此的關係造成傷害。另一方面，如果以負責任的態度協商，「衝突」反而可以解決這類棘手的爭吵。否則問題只會不斷重演，使人疲乏，像是「你答應你會改變的。」「我哪有。」「你還不是一樣。」或者，彼此進入一種不斷自怨自艾的狀態，例如：「爲什麼你不能像以前那樣愛我？」或者擺出死硬的態度，說：

「你才是需要改變的人。我不想有任何改變，我這樣很好。」或者「我就是這樣，你自己看著辦吧。」改變具威脅性，但是，對一段穩定茁壯的關係來說，卻是必須的。

⓯ 你讓我好糗

「尷尬」以各種方式出現。「我不敢相信你居然讓大家知道，醫生要我減重二十五磅；害我好丟臉。」或者「你憑什麼把我們的性生活搞得人盡皆知？你明明知道我多麼注重隱私。簡直太羞辱人了。」

在伴侶關係中，人們總是讓彼此覺得丟臉，他們說了或做了什麼而讓對方難堪。如果不面對根本的問題，一味忽視持續上演的丟臉或尷尬戲碼，只會讓情況惡化。

另一方面，眞誠地追究爲什麼你會覺得丟臉、爲什麼另一半的行爲讓你如此難堪，可以啓發頓悟與同理心。釐清這類爭吵可讓你看見這份關係中的許多重要元素，比如彼此的價值觀、社會道德觀，以及存在於潛意識、主導我們行爲的家庭規範與信念。這類爭吵也能凸顯許多盲點，而它們一直以來阻礙你追求成功與知足。與其企圖控制彼此的行爲，你們可以從對方身上學到更多。因爲了解伴侶動輒得咎背後的原因後，你會像你的伴侶那樣，更願意「打破規則」，展現自我，即使有時候這麼做會讓人傷腦筋。

深入爭吵核心六大技巧，爲幸福而戰

不管你的爭吵屬於哪一種類型，我們對成功伴侶的研究結果與經驗，可以展現深入爭吵核心，以及透過衝突讓彼此更緊密連結的過程。當你漸漸熟練我們稱之「爲幸福而戰」的過程，包括促進親密關係的六大關鍵技巧，你將會採取有助改善關係的方式來爭吵，而非彼此傷害，這同時也能培養你所嚮往的親密感與成就感。理解和親密感必須透過衝突才能取得，但絕對值得爲這些好處付出努力。記住，成功操之在你，不是你的伴侶。學習因應衝突的技巧必須按部就班，應用時卻講究融會貫通，有時候可能得依照順序，有時候則單兵上場。彼此關係的改善，有賴個人的學習與成長、深入爭吵核心，以及勇敢面對內在沒有滿足的需求。

自己好好學習這些技巧，而不是一味要求伴侶更有同理心、更善解人意什麼的。想要爲這份關係負起責任，最好的方法就是熟練「幸福六招」。接下來的章節中，我們會詳加解說每一招，這裡先摘要簡介。

第一招：面對渴望

首先，我們要重新喚醒內在每個關鍵時刻的渴望，如渴望看見與被看見，渴望撫觸與被撫觸，渴望愛與被愛，渴望自己舉足輕重，渴望自己有所貢獻、能夠帶動改變。我們之所以爆發爭吵，是因爲潛意識裡希望滿足那些被忽略的渴望，或者因爲滿足不了而心生不滿。美好的關係需要我們跳脫日常模式與習慣，這一招就是要學著讓渴望主導我們的互動。你可以抽絲剝繭，檢視爭吵內容，應用所有找到的線索，深入埋在底層的渴望。你責怪他忘了你討厭香菜，居然把它加進剛做好的餐點裡，其實你眞正渴望的，是他能夠以實際表現證明你在他心中舉足輕重。

第二招：投入互動

當我們投入互動時，會不由自主、不假思索地，即時回應內心的渴望。這通常意謂著以各種不同方式證明彼此眞的「在一起」。當我們不再只顧著爲自己辯解，或僅以「吵贏」爲目的，而是從中探索渴望，並爲此投入互動，我們就能學著了解自己與彼此。你不會只想滿足自己的渴望，你會同時看見並試著滿足伴侶的渴望。

第三招：自我揭露

面對渴望與投入互動的過程未必一帆風順。過程中的起起伏伏，正好反映出檯面下的眞實狀況。我們能因此而更了解自己與內在動機，以及一路走來形塑我們個性的原因，同時也更願意坦然分享。透過這一招，你可以深入挖掘，搞清楚內心眞正的想法，找出特定舉動讓你火冒三丈的原因，以及它對你個人與諸多未竟事務②來說，又代表了什麼。當你發現這些點點滴滴時，應該與伴侶分享。你開始認清自己內在的**母體**，也就是將早期經驗鎖碼存入潛意識的神

譯注 ② 未竟事務（unfinished business）：指過去未完成的經驗，如未獲滿足的需求、未表達的情感等，存留在個人的潛意識中，期望若能被完成，因而影響到個人當下的情緒與行為。

經網絡，它形之於外就是個人的限制性態度、偏見與錯誤信念。當你察覺這些潛伏於意識底層的自限信念，就能夠確認母體有哪些關鍵要素需要被挑戰。你會找到有效能的方法來質疑自己；你能夠自我反省，自我衝撞。你懂得從別人身上尋求回饋，特別是來自伴侶關係的回饋。

第四招：自我解放

跨出習慣的牢籠，去做自己不可能做到的事，說出自己無法說出的話。自我解放源自於自我揭露，就像投入互動來自於面對渴望。藉由這一招，你可以掙脫固有的行爲模式，探索人生的新可能性。你可以根據自我揭露時的發現來採取行動，測試新的言行舉止。你可以挑戰原本的限制性信念，探索伴侶關係的新境界。你可以分享自己眞正面臨的問題，打破傳統爭執的角色與模式。自我解放讓你更自在的展現本色，並透過熟悉關鍵技巧，來培養及創造新伴侶關係的可能性。你可以探索親密感的新界限，不論做爲個人與伴侶，都能得到學習及成長。

第五招：母體重組

母體重組是一種策略性解放心靈的方法，目的在於重建賦權增能信念③、行爲、存在方式及建立關係等，重要課題的新神經網絡。唯有透過熱烈與重複的練習，才能建立穩固的基礎，以啓動新思想、新感覺、新行動。應用這項技巧，你就能學習如何改變想法與行爲，進而改變你的伴侶關係。持續母體重組，你就不會走回頭路，並且可以透過改變讓關係更美好，直到永遠。

第六招：專注奉獻

專注奉獻，承諾一輩子都會進行母體重組，自發性的投入，並持續推動自我改造，竭盡所能成爲最好的自己。當你專注奉獻，便會爲自己設下重重挑戰，隨時督促自己更加努力。當你全力付出，會激發自己與伴侶關係中最好的素質。你會爲這份關係付出更多。你會在新的挑戰中感到活力充沛，大步向前行，你可以享受最大的樂趣與參與感，你的進步以及對兩人世界的貢獻也能達到最大。

譯注　③ 賦權增能信念（Empowering Belief）：指相信自己有權力及能力可以掌控生活、解決問題。

爭吵的勇氣

你不必徒手上戰場，「幸福六招」會讓你游刃有餘，足以應付伴侶關係中面臨的各類型爭吵。即使準備好這些技巧，你仍然需要展現足夠的勇氣，敢於為小事情拌嘴，為大問題抗爭。想強化勇氣，就要記得爭吵是有意義的——透過爭吵，可以讓一份關係提升到幸福的層次。

眞高興你加入我們，一起展開這趟旅程。透過本書，你可以發現互動緊密的伴侶之相處模式，特別是當他們相信彼此的關係可以是一場活力充沛、日漸成熟的冒險。你在接下來的章節中，會接觸許多對伴侶，他們在意的不是容貌外表，而是透過眞誠的、深刻而強烈的互動，來追求美好的關係。當你加入他們，你可以學到如何利用衝突，建立起更深刻、更令人滿足的關係，其程度遠遠超乎你所能想像。

在整個過程的第一步，你必須先認清並理解一個事實，才能掌握伴侶爭吵的價值與原因：**愛情本是一團混亂**。

Chapter 2

愛情本是一團混亂

眞愛並不是兩個人以慢動作跑過繁花盛開的田野，衝進彼此懷裡，在彼此耳邊情話綿綿。它也不是一場沒完沒了的蜜月，永遠處在和諧極樂的狀態，天天晴朗，兩人歡愛完美同步，性高潮一波波，得來全不費工夫，過程中沒有人滿身汗，也沒有人放屁。

眞愛意謂著兩個人用力翻掘彼此的關係，拔除雜草，創造永續成長的親密。它意謂著親吻與對吼、嬉鬧與爭吵、互相安慰與挑戰。它意謂著坦誠相對，而非小心翼翼。如果你想得到眞愛，必須體驗關係中所有的情緒起伏：恐懼、傷害、憤怒、悲傷，以及喜悅與幸福。

愛情本來就是一團混亂。爲什麼我們要告訴你這件事？因爲唯有充分了解這團「混亂」是親密關係的核心，你才能夠體會爲什麼衝突是必要的。你也會發現，光是爭吵並不能保證一段美好的關係或婚姻。你必須學會爲何、如何及何時發動爭吵，以及想要吵出什麼結果。你必須學會如何從小口角與大爆吵中——

- 讓自己被了解。
- 了解你的伴侶。
- 得到你想要的。
- 享受這段冒險。
- 共同學習與成長。
- 讓彼此更親近、更契合。

透過爭吵來建立親密感，是需要練習的。因爲愛情本來就是一團混亂，有些人避免爭吵，就是爲了避免處理這團「混亂」。愛情是一種複雜且容易引爆的混合物，有些人會陷入破壞性衝突——他們耍心機，隨便吵兩下子，爭論時總是糾纏不清，一腳踩進現在，一腳還陷在過去。我們要幫助你學習如何帶著心頭那團「混亂」展開爭吵，進而愈吵愈幸福，而不是一路吵進離婚法庭。

如果你準備好要吵一場全力以赴的架，那麼這本書可以幫助你善用衝突，發揮其效益；你可以找到深入核心的方法，並與伴侶分享，讓彼此更親近。如果你是避免衝突派，把怒火當成關係末日前兆的話，你可以學到透過爭吵來投入互動的技巧，藉此催化個人成長及你在伴侶關係中的成長，以增進彼此的契合度與親密感。

如果以上所述看似有違常情，那是因爲愛情既不合乎邏輯，也不是直線性發展。相反地，它反覆無常，無法預測，由深埋在我們內心深處的原始能量主宰。那是一股強大又混亂的玩意兒。但同時，那也是你可以並應該了解的玩意兒。互相了解的關鍵在於提升自我，有能力針對重要問題恰如其分的展開爭執。如果你做不到，以爲美好的關係就像電影裡的羅曼史，以可預期的、理性的方式進展，就會深陷苦惱。你可以永遠不吵架，但你也因此無法成長，你的伴侶關係亦然。

唯有當你眞正與另一個人互動——所謂互動，我們的意思是以完全誠實、負責和開放的態度，進行口頭與情緒上的溝通——眞相才會浮現。所有爭吵類型，從「怪罪遊戲」、「家族紛爭」到「早就告訴你會這樣」，都能激盪出發人省思的對話、有價値的洞察力，偶爾甚至能夠帶來領悟。稍後，我們會討論如何以有力的方式善用這些爭吵類型，但是，讓我們先來看看各界對「優質爭吵促進美好關係」的研究論點。

深入亂源

配偶不會因為吵架而離婚；分手是因為他們不知道如何利用爭執，將親密感推到新的層次。若不通過這些挑戰，永遠達不到這個目標。重點不是如何避免爭吵，或是找出某種公式，吵完就算了，當然也不是如何吵贏，更重要的是深入挖掘，發現潛藏在爭論底下的豐富訊息。是的，你會沮喪，把自己搞得灰頭土臉，但是根據研究顯示，探索檯面下的各種原因，有益於關係發展。

新興的伴侶關係研究證實，初期經歷坦誠而激烈爭吵的伴侶，彼此相處會愈來愈愉快。社會心理學研究學者詹姆斯・麥納逖（James McNulty）發現，「憤怒而坦誠的對話所造成的短期不適」，長期來說有助於彼此關係的發展（Prigg, 2012）。你將會發現，伴侶關係比你想像的更強壯。它們挺得過爭論的火球；簡單來說，激烈交鋒可以催化洞察力與相互理解，促進關係成長。

其他研究顯示，發生在關係中的早期衝突，有助於解決可能危及伴侶關係的各種問題。約翰・高特曼（John Gottman, 1944, 66）的研究顯示，早期衝突造成的「暫時性痛苦」，對彼此的關係反而更健康。有趣的是，在關係初期，和平相處的伴侶認爲自己比成天鬥嘴的伴侶快樂，但是，三年後重新訪問發現，那些和平相處的伴侶離婚或分手的機率更高（Gottman, 1944）。那些找出問題癥結的伴侶，比較可能維持穩定的關係。

閱讀這本書時，你會看見幾對伴侶大打焦土戰，激烈程度足以讓你確信他們不可能走得下去。你會發現，他們在一起的前幾年簡直是一團混亂，然而，他們只是透過爭吵來互相了解，把彼此的關係提升到更高的境界。

生命＝衝突

別再欺騙自己，我們面對現實吧。**每個人**都會發生衝突。**每**、**個**、**人**。衝突是互動人生的眞實產物。就像搭檔舞者跳著各自的舞步，總會踩到彼此的腳趾頭。爲了達到眞正美好的關係，我們必須互相衝撞。如果他想看動作片，你想看愛情片，而你刻意不提自己的需求，跟著去看動作片，這就是衝突。如果她喜歡存錢，而你就是出手闊綽，你們倆都因爲對方的花錢習慣而生悶氣，這就是衝突。每當你們有不同的需求、意見或觀點，衝突就應運而生——如果你誠實地投入一段關係，發生的機率肯定很高。各種情況下都有可能發生。有成效的因應，可以讓你們更契合，若是擱置不理或毫無成效的處理，只會讓你們漸行漸遠。

演化生物學家伊麗莎白．薩托瑞（Elisabet Sahtouris, 2000）指出，衝突是生命的一部分，始於細胞階段。細胞分裂的過程「有絲分裂」，就是衝突與解決的持續循環。單一細胞從「一」開始，這種原始的一致性在它分裂爲二時就遭到破壞，細胞之間爲了爭奪可用的資源而互相競爭，產生張力，然後創造新的一致性或和諧性。隨即再次分裂，在另一輪的一致性形成之前，持續爲了爭取可用資源而產生新的張力，啓動「一致性→張力→多樣化→新和諧」的循環。同樣的，你的伴侶關係也是在衝突與一致性之間持續成長的有機體。爲了讓關係持續茁壯，必須經歷持續的破壞與重建。

你將學著把衝突當成伴侶關係成長過程的一部分，同時，在追求親密與獨特性的過程中，也能清楚看見這兩種完全相反的衝動如何引爆莫名的情緒糾葛，終於讓你們困在周而復始的爭吵中，或者完全停止坦誠互動。家庭系統理論學者莫瑞．鮑文（Murray Bowen, 1993）指出，我們都擁有相反卻同樣無法抗拒的衝動，一方面追求互相結合的親密，另一方面又希望保有獨特性，也就是他所說的「區隔」。你將學著尊重、接受，並且強而有力的整合這些驅動力。你會看見，如何透過有成效的協商，創造健康而契合的關係。你們會比以往更緊密的結合，同時保有堅定、獨特而充實的自我存在感。

爲生存而戰的天性

演化科學讓我們了解，不論是史前或近現代，我們的生存必須仰賴與他人之間的連結。對早期的人類來說，這種關係增強了他們打獵、搜集食物的能力，並且彼此照應，躲開掠食動物。建立關係可不是爲了找樂子，而是攸關生死存亡，非得這麼做不可（Hart and Sussman, 2005）。人類的演化歷程證明了，生存等同建立關係。

神經學家發現，社交恐懼、社交痛苦，與失去或擔心失去心愛的人有關，相關的情緒中樞與接收肉體疼痛感的部位，分布在大腦的相同區塊，這就是爲什麼我們對恐懼與痛苦的體驗會這麼深刻、這麼揪心（Lieberman, 2013）。當我們與心愛對象的連結受到威脅，或者失去一段關係，就會啓動原始恐懼——我們將它視爲（下意識）生存的威脅——引發戰鬥或逃跑反應，或是動彈不得。

你會讀到伴侶逃避爭吵的案例，好像吵開了就活不下去。這是一種下意識反應，他們的恐懼無可厚非，是演化的結果。你也會讀到伴侶大吵的案例，激烈程度、頻率與次數都很可觀，這似乎也攸關存亡。對他們來說，眞的就是這麼回事。當然，也是出於下意識反應。

接下來，我們將離開研究領域，實際檢視一對愛得「亂七八糟」、彼此糾纏牽制的伴侶，卻仍然維持著詭異而令人筋疲力盡的和平。

從分手邊緣反擊

爲什麼有些伴侶有辦法從來不互嗆對吼，甚至從不公開表示意見不合？許多人對伴侶之間的爭執、爭執的意義，以及後續效應，抱持錯誤的看法。他們可能在成長過程中，經歷父母可怕的、漫罵式的爭吵，或者被好萊塢式的愛情迷惑，對親密關係懷抱不切實際的浪漫想法，認爲在理想的關係中絕對不會惡言相向，熱情永遠不滅，兩人從此過著幸福快樂的日子。以下故事中的伴侶，一開始就想要掩飾所有爭執。

道格與狄妮已走到離婚邊緣。跟許多夫妻一樣，他們覺得經過幾年的相處後，彼此已經不愛對方了，這是很常見的錯誤分析。曾經前景充滿希望的一段伴侶關係，惡化到相敬如「冰」，彼此怨恨。

如今，狄妮必須獨自生活，這可是人生頭一遭。她發現，過去她只要記得付公寓的保證金就好了。自從大學以來，這是她第一次過著沒有道格的生活。她感到害怕，但她覺得自己已經準備好迎接挑戰；總比面對他被動、死氣沉沉的樣子來得輕鬆，讓人看了就煩。她很早之前就決定，絕對不要跟他生兒育女。

道格感到很絕望，不只是因爲心痛又孤單，更因爲沮喪的心情終日盤踞，使得工作頻頻出錯，賠上了可能談成的合夥權。他的人生全面崩壞。

就跟許多曾經深深相愛的夫妻一樣，他們決定在結束關係之前做最後的努力。於是，他們跟著我們一起演練各項技巧，學習重新互動。狄妮明白，自己努力讓這段婚姻保持「體面」，事實上，這意謂著她一直在壓抑自己及相關判斷，甚至是她的期待和對道格的渴望。不表達自我個性或需求，只是讓她變得愈來愈不快樂，無法感到滿足，最後終於無法忍受，覺得自己必須走出去。道格知道，他沒有奮力爭取自己想要的東西，也沒有坦然要求自己應得的支援與鼓勵。他不曾挑戰自己或狄妮，以投入這份關係。

他們都了解，他們捲入兩種類型的爭吵，第一種是隱藏版的「你變了／你就是死性不改」。

狄妮抱怨道格不再把她捧在手掌心，懷疑他是不是從一開始就是裝出來的。她什麼也沒說，受傷的情緒在心裡悶燒，成天想著爲什麼他不能跟以前一樣。她會問一些問題，看看他對現狀是否滿意，希望他可以展現對這段婚姻的關心與顧慮，但他總是回答：「還好啊。」儘管怒火中燒，常常處於爆發邊緣，她總是努力避免衝突，因爲這會讓她想起父母當年「令人害怕」的爭吵。

你看出來了嗎？

這種無聲衝突的感覺熟悉嗎？你是否認為你的伴侶不再是關係開始之初的那個人？你與他漸行漸遠，以為自己曾經愛過的人，如今似乎形同陌路？你是否內心憤怒卻試圖保持冷靜，期望著也許不知怎麼的，這份關係就恢復「正常」了？如果是這樣，你可能正在壓抑不滿，避免衝突，或者就像「隱藏的中指」類型的爭吵，發展出某種消極挑釁的行為。

如果你跟狄妮一樣極力克制，避免因爲「伴侶變了」這件事而發生爭吵，你就會覺得遭到背叛，且這種感覺會一路相隨不肯散去，腐蝕這份關係。從另一個角度來說，衝突可以發展出解決之道。但是「你變了／你就是死性不改」的爭吵類型很麻煩，因爲它是愛情混亂本質的一部分。

如果我們只需要煩惱一種爭吵類型，愛情就不會是那麼麻煩的玩意兒。可惜，我們往往同時糾纏在好幾種類型的爭吵中。以道格與狄妮來說，當他們各自表達不滿，便陷入「隱藏的中指」爭吵類型。例如，狄妮覺得故意不烹煮道格喜歡的餐點，可以傳達她對道格不收拾善後的不悅。每次都只是悶不吭聲在心裡想著：**這應該可以給他／她一點教訓**，但這種作法從來無法傳達彼此在心中比劃著中指的原因，更無法解決問題或深化關係。

讓隱藏的中指現形，這件事非常重要。道格與狄妮就跟陷入這類爭吵的夫妻一樣，「社交—情緒」智商不足。無論如何，經過一段時間的練習後，他們學會如何表達感覺（超越中指神功），並且坦誠交流。展開學習的契機，是因爲他們發現自己在處理工作業務時也變得迂迴，各自的職業生涯出現停滯。這種現象漸漸讓他們明白，彼此不但沒有成長，還被困住了。當他們了解這類消極、壓抑的爭吵之衝擊力道有多強大時，也看出這種行爲模式如何牽制彼此，而解除婚姻關係並不會讓這種行爲模式消失。

他們沒有意識到自己心中的痛苦與憤恨，在經過日積月累後，逐漸惡化，終於走到鬧分手的地步。經過學習，他們看見這些痛苦源自內心深處未曾滿足的需求。彷彿孩子在海灘踮著腳走進冷冷的海水，他們忐忑地踏出腳步開始溝通，了解內心的需求是什麼，對方可以如何滿足自己。這並不容易——他們從消極對立直接進入激烈互嗆——但是，他們也開始溝通並肯定對方。爭吵幫助他們建立連結。他們之間有許多過去的傷痛需要弭平，透過學習負責任的溝通技巧，可以在爭論之後很快冷靜下來，找到眞正的平靜與連結，以便更專注地面對關鍵問題。

於是，他們盡全力擺脫舊有的停滯模式，擁抱新經驗，接受改變。當他們重新發現彼此，達到更深層的親密——遠勝於初相戀的時候——兩人的事業也都有所突破。在這段成長的過程中，道格與狄妮進行公平而激烈的爭吵，溝通、自我認識及信賴的程度也不斷提升。當他們深入挖掘潛意識的行爲模式，才體會到彼此都是脆弱的，且誤以爲衝突只會摧毀這份關係。

跟著我們演練各項技巧的過程中，他們發現一直以來彼此都迴避讓人不自在的話題，也不顯露內心的感覺。事實上，隨著互信程度加深，他們反而喜歡伴隨意見相左而來的生猛活力。同時，他們也發展出全新的、具自主性的觀點，看見這份關係的未來。

如果所有關係都像道格與狄妮的那樣，我們只要擬出一套「愈吵愈幸福」的公式，就可以深入問題核心。但是，正如你所知，伴侶關係何等盤根錯節，而且每一對伴侶各有不同的方式來迴避爭吵、發動爭吵。雖然本書**Part** 2將介紹適合所有伴侶應用在各種爭吵類型的實用步驟，但你必須清楚知道自己處在哪一種特定的爭執方式（或是透過否認、消極對抗等特定方式處理衝突）。

這種自我認知是基本配備，唯有如此，當衝突發生時，你才能夠了解自己特定的混亂情緒與行爲，接著才能夠處理這份關係中的各種混亂細節。爲了幫助你建立這種認知，我們介紹了迴避爭吵的道格與狄妮。接下來，我們要介紹一對吵個不停，卻吵錯方法的伴侶。

進入爭吵循環，深陷戲劇三角形

柯林與伊迪深愛對方，但是他們都同意，女方的火爆脾氣總會引發激烈爭吵；通常由她發動攻勢，他則採取防守，或者聲稱自己在智識上更勝一籌，因此能夠抱持超脫的角度看事情。柯林愛她的活力充沛，伊迪則珍惜他的堅定穩健，卻始終無法確認這就是他們可以「彼此認定」的關係。雖然他們無法想像分手的情況，卻也害怕做出彼此無法遵守的承諾。他們跟朋友討論，認爲這種懸而未決的態度讓這份關係亂成一團，其中一位朋友受夠了他們的態度，建議他們「別占著茅坑不拉屎」，趁早做個了斷。這位朋友向兩人提起我們，他們也體認到自己需要幫助，都不希望擁有彼此父母那種以離婚與暴力終結的關係。

柯林與伊迪談到他們在衝突時嘶吼、丟東西、衝出房間。柯林批評伊迪不理性、避談實情，做家務事時草率又懶散。伊迪對柯林的「小氣」非常不悅，而且他老是對她「擺出一副高高在上的樣子」。他們的爭吵是「怪罪遊戲」、「被欺騙的感覺」的典型案例，同時也是一種較罕見的怪罪遊戲變形版：「你瘋了」。

「妳瘋了！」當伊迪發射連珠炮似的抱怨時，柯林會這樣大吼。柯林把伊迪的不滿歸咎於她的瘋狂，伊迪則將自己的不滿歸咎於柯林。

柯林首先看出，兩人陷入「怪罪遊戲」，意謂著他被困在溝通分析（Transactional Analysis）中提到的戲劇三角形：為了間接達到自己在人際關係中的需求，人們會扮演受害者、拯救者或加害者三種角色，藉此避免承擔相對應的責任（Karpman, 1968）。伊迪扮演加害者角色，而當柯林以「妳瘋了」這句傷人的話回擊，情況出現改變，柯林從受害者轉為加害者。剛開始，柯林是白馬騎士拯救者——他以此角色自居，準備承受各種不滿的指責——伊迪則是被拯救的受害者，這個角色為她扮演加害者提供了完美的基礎，因為拯救者「無法讓她快樂」。聽起來很熟悉嗎？每一齣肥皂劇與戲劇的情節都繞著這些角色打轉，這也許可以解釋爲什麼我們對這些角色如此著迷——他們將我們內在的思維過程形諸於外。

這些戲劇之所以歷久不衰，是因爲反映出人類爲了滿足人性的渴望，做出各種迂迴的嘗試，而引發無窮盡的不滿。解脫之道爲何？柯林與伊迪開始承擔各自經歷的一切。這意謂著他們開始探索內在的渴望，並以負責任的、眞誠的方式溝通。當他們搞清楚隱藏在互相指責與受害者心理的背後因素，也同時發現了富創造性的解決方法，並得到正向的結果。

就跟許多伴侶一樣，柯林與伊迪不只經歷一種爭吵類型。除了「怪罪遊戲」，他們同時因爲「被欺騙的感覺」引發爭執。隱瞞祕密、說謊、不守承諾，這些欺騙的形式通常會引發令人痛苦，甚至非常火爆的爭吵。伊迪覺得柯林隱瞞自己的缺點，而柯林常常被伊迪「只透露部分訊息，刻意略過事件重點」的習慣給惹毛。

柯林與伊迪在確認各自感覺的根源之前，都認爲遭到背叛，並爲此責怪對方。柯林的父親對婚姻不忠，而伊迪的家庭老是有一些莫名其妙的債務，這些爲他們製造出「可能被背叛」的自我預期。當他們發現這一點，以及存在這份關係中的其他眞相，便以各自承擔責任取代了互相指責。衝突成爲深層探索與深層親密的起點，讓人進一步追究爲何缺乏信任的原因，以及該怎麼做才能重建互信。

他們檢視彼此結合的基礎，柯林深深體會自己熱愛伊迪狂野的一面，以及她如何紓解他承襲自原生家庭的拘謹壓抑。伊迪則發現自己嚮往柯林帶來的穩定感，他堅定、值得尊敬的形象，與原生家庭四處漂泊、財務不穩定，恰成對比。透過有成效的爭吵，他們彼此更喜愛對方；伊迪變得比較穩定，柯林則變得比較隨興，比較有趣。最好的是，莫過於他們學會火力全開的爭吵後，因爲了解彼此的差異而更加契合。如此幾年下來，他們幫助彼此發揮最好的一面。柯林成爲一家快速成長的企業之重要主管，伊迪重返校園，拿下全國性設計獎項，並自行創業。

你們跟道格與狄妮一樣迴避爭吵嗎？或者像柯林與伊迪，是那種吵起架來不可收拾的激動派，卻吵不出個所以然，而且極具破壞性？介於兩者之間？或者你們其中之一選擇迴避，另一位則是窮追猛打？所有衝突都是走混搭風，可能

同時具備多種類型的特色。回答下列問題，檢視這些元素將可以定義你目前的衝突形態。

你如何處理愛情中的混亂？

回想最近幾次爭吵、衝突或煩惱。下列敘述何者反映你的爭吵面向（或者，你的迴避爭吵面向）？確認你或伴侶是否經常出現以下各項行為，並在框框中打勾。

	我	伴侶
(1) 吼叫。	☐	☐
(2) 暴怒的同時，伴隨幽默感與同情心。	☐	☐
(3) 轉身離開。	☐	☐
(4) 認真傾聽，試著了解伴侶的觀點。	☐	☐
(5) 沉默以對。	☐	☐

(6) 羞辱對方（謾罵，諷刺，既虐且謔，嘲弄）。	☐	☐
(7) 轉移話題。	☐	☐
(8) 說實話。	☐	☐
(9) 互鬥不休。	☐	☐
(10) 翻舊帳。	☐	☐
(11) 解決爭端。	☐	☐
(12) 表達自我感覺。	☐	☐
(13) 確認沒有搞錯伴侶的想法（讓我的伴侶知道我了解他或她的意見）。	☐	☐
(14) 保持安靜，卻擺出自命不凡、冷冰冰、高人一等的姿態。	☐	☐
(15) 直接切入真正讓我不悅的原因，明確表達。	☐	☐
(16) 非得要有最後決定權，不認真傾聽伴侶意見。	☐	☐
(17) 蔑視對方（動手動腳，惡言相向的口氣或手勢，翻白眼，冷笑等等）。	☐	☐

(18) 跟伴侶一起搞清楚究竟是怎麼回事，理解他或她的感覺。	□	□
(19) 爭吵加劇，卻沒有解決之道。	□	□
(20) 討論或爭吵到一半，掉頭就走。	□	□
(21) 反擊。	□	□
(22) 一味防守（找各種理由，互相抱怨，意見不合就發動反擊，或說「話是沒錯，但是……」）。	□	□
(23) 退縮。	□	□
(24) 停止互動。	□	□
(25) 爭吵時，勇於承擔該負起的責任。	□	□
(26) 吵著吵著就不說話了（或咕噥碎念）。	□	□
(27) 迴避吵架。	□	□

如果勾選(1)、(6)、(9)、(10)、(16)、(17)、(19)、(21)與(22)，顯示觸及**破壞性衝突**的多個層面。這是你的爭吵類型，並不是可能傷及伴侶關係的實質爭吵。敵意、蔑視對方與一味防守，不只無法解決爭端，還會製造惡念與疏離感。舉例來說，火爆爭吵本身並不是問題，真正造成彼此疏遠的是互鬥不休與蔑視對方。事實上，如果學著在你的火爆風格中加入幽默感與同情心，你的爭吵會更有建設性。

如果勾選(3)、(5)、(7)、(14)、(20)、(23)、(24)、(26)與(27)，屬於**迴避衝突型**。迴避、退縮與閃躲是你的爭吵風格，這些都具有破壞性。迴避衝突無法釐清問題，怨恨只會愈積愈深；不顯露真實的感覺與要求，只會帶來疏離與不信任。你可能想要避免爭吵的緊張與煩躁，但退縮卻是無法對這份關係負責的徵兆，同時也欠缺解決問題的意願。如果你們其中一人態度迴避，另一個卻力挺建設性爭吵，這就更麻煩了——一個想解決問題，另一個只想離開現場。

如果勾選(2)、(4)、(8)、(11)、(12)、(13)、(15)、(18)與(25)，顯示你採用**建設性衝突**的觀點。你有能力表達自己的感覺與要求，可以看見並聽見伴侶的想法與感覺；相較之下，你也更有能力解決爭端。你可以拉高分貝，激烈爭吵，但是，你往往能夠善用幽默感、對伴侶的愛意以及正向互動，來解決問題。

不論你是否具有某種主要類型，檢視每一次的破壞性或迴避式衝突，都有助於邁向更具建設性的衝突。

令人意外的是，火爆爭吵並非最危險或殺傷力最強大（Birditt et al. 2010）。最危險的模式，莫過於一方努力建立連結，解決問題，另一方卻頻頻退縮。當「非吵不可」遇上「避之唯恐不及」，這種組合在相當程度上會阻礙婚姻的延續，更讓人無法在婚姻中獲得滿足感。

不論你的爭吵風格爲何，下一章你會學到更多關於這些模式的起源，以及需要哪些技巧才能讓你愈吵愈幸福。

放下身段別怕丟臉，好處跟著來

從柯林與伊迪、道格與狄妮的故事可以看出，想要創造美好的關係並不簡單，也不是一蹴可幾。正如愛是充滿不確定性、反覆性且無法預測。你必須願意學習如何公平爭吵，就像以上兩對伴侶以身示範的，這意謂著誠實並帶著批判性說出內心話，而這個過程有時是痛苦的。但是，我們保證你的努力將會得到更多回饋。親密感、歡樂，甚至卓越的關係，這些都是深入問題核心，愈吵愈幸福之後常見的結果，你和伴侶可以攜手共享。

更精確地說，當你學會如何愈吵愈幸福，看清愛情本來就是一團混亂的本質，認眞投入確認愛情眞實面的過程，就會得到這些好處。

首先，當你愈認識自己，並提升因應伴侶衝突的技巧後，將會在一個活力充沛、有彈性、日益強壯的關係中，學習與成長。你會發現如何在伴侶關係中療傷止痛，並且嘗試應用可以深化關係的新行爲模式。

其次，當你解決爭執後，將擁有富冒險性，同時彼此體諒的人生。尤有甚者，在問題解決之後，你將體驗到眞正的親密感。你會了解你的伴侶，且彼此達到前所未有的契合。就像軍人一樣，你和伴侶共同打仗，一起存活下來，彼此內在的聯繫更緊密。你終於知道爲什麼某些事情對你的伴侶而言如此重要，之前卻怎麼也無法理解。例如，爲什麼他對守時這件事堅持到近乎狂熱，爲什麼未完成的工作總是引爆爭吵。也許，他成長在一個人人把遲到當家常便飯的家庭，經常因此錯過重要事件，而當你的拖拖拉拉造成赴約失敗，他就會怒不可遏。

第三，你會變得更有同理心，更能讚美你所愛的那個人。這不僅僅是了解，更是用心**感受**另一個人——什麼驅使她做出這種行爲，什麼讓他如此痛苦。你們在爭吵過程中，將以從來沒嘗試過的坦誠態度表達彼此的感覺。你會感受到他的痛苦，他也能感受到你的。這是情感電流的交集。衝突必須立即面對，更需要你們共同投入。你們將會分享更多。衝突可能需要花長一點時間解決，但每一分每一秒都會讓這份關係更深、更廣。

第四，你將學會信任自己與伴侶，這在以前似乎是不可能的任務。你們都將覺得自己的強悍超乎預期，而對方的脆弱不過是幻象。你不再小心翼翼地避開特定話題，但也不再以殘忍絕決的方式表達自我觀點。隨著信任感日漸壯大，你知道你們可以挺得過任何口頭爭論，激情過後的關係會更加茁壯。這讓你們雙方更能就事論事，探索衝突如何對自己造成影響。

你也能夠站在一個有利位置，找出伴侶不願意投入「大吵一架」的迷思與誤解，因爲正向的「大吵一架」可以讓關係進化。接下來，你將會發現，人們因爲選擇相信「眞相具有破壞性」的虛妄看法，因此遠離有成效的爭吵，或者投入的程度非常淺薄。

Chapter 3

幸福快樂不到永遠

甩開童話羅曼史，才能為眞愛而戰

幾乎所有我們學過關於「美好關係」的一切，都不管用。不論是童年時期聽過的故事、老祖母的經驗談，甚至是專家建議，多數的「諄諄教誨」都無濟於事，在許多案例中甚至反而造成傷害。

童話故事裡的萬人迷王子跨上他的白色座騎，展開一段尋找美麗公主的旅程。歷經千辛萬苦，他拯救了公主，兩人騎上馬奔向遠方，消失在落日餘暉中，從此過著幸福快樂的生活。在這類型的童話故事裡，愛情戰勝一切。公主的吻讓青蛙變王子；野獸因爲美女的愛而得救；只要有足夠的愛與支持，每天家事做不完的灰姑娘也能變成公主。

這些伴侶關係的迷思純屬誤解，但這種強大的文化意象深深植入我們的潛意識，影響我們對伴侶關係的理解。當人生無法過得像童話一樣，當潛意識對魔法結局的期待幻滅時，我們就會因此感到失望、痛苦、怨恨、絕望，而引發爭吵。

即便如此，童話故事的威力無法擋。電視節目、大衆心理學叭啦叭啦、流行歌曲、羅曼史小說，以及其他因素，匯聚成火力強大的文化特攻隊，共同打造或深化關於伴侶關係的錯誤觀念。天性誠實的妓女嫁給百萬富豪；英俊的、洗心革面的軍官，讓年輕的女工脫離血汗工廠；還有其他一大堆類似的浪漫故事。以上種種，加上互相矛盾的專家建議、古老的賢妻守則，以及差勁的行爲模範，就成爲我們學習伴侶關係時所接收的錯誤資訊、錯誤指引，以及純粹的謊言。

伴侶關係小測驗

以下敘述你認為對或錯？

	對	錯
(1) 伴侶關係的目的是要讓你更快樂。	□	□
(2) 跟對的人在一起比較快樂。	□	□
(3) 我就是這個樣子，真愛就是得照單全收。	□	□
(4) 幫助伴侶以我想要的方式去改變，這點很重要。	□	□
(5) 靈魂伴侶才能達到最美好的關係。	□	□
(6) 遇見對的人的那一刻，你自然會知道。	□	□
(7) 如果這段關係是天作之合，所有問題都能解決。	□	□
(8) 如果這段關係無以為繼，表示兩人根本不合拍。	□	□
(9) 在一段關係中，彼此有沒有「化學反應」很重要。	□	□
(10) 在一段關係中，彼此有沒有「吸引力」很重要。	□	□

(11) 個性不合與衝突是「怨偶」的徵兆。	□	□
(12) 在一段關係中，雙方有許多共通點，而且個性能夠相容很重要。	□	□
(13) 你們要不是個性相容，就是不合。	□	□
(14) 一段成功的關係，有很大一部分取決於一開始就找到個性相容的伴侶。	□	□
(15) 一段關係如果沒有好的開始，注定會失敗。	□	□
(16) 只要有愛，一切都好談。	□	□
(17) 如果是真愛，很容易就能維持關係。	□	□
(18) 你的伴侶必須能讓你慾火中燒，這點很重要。	□	□
(19) 「興奮感消失了」，這是愛情崩壞的徵兆。	□	□
(20) 如果不再愛著對方，表示你處在一段錯誤的關係中。	□	□

計分解析

統計一共選了幾題「對」。如果以上每個問題，你都選擇「對」的答案，顯示你深受伴侶關係錯誤認知的影響。上述題目都是伴侶關係的迷思，不但有礙建立親密感，同時不利追求持久、令人滿意、豐富且契合的關係。選「對」的比例愈高，你就愈把那些神話當一回事。繼續往下讀，可以找到讓關係持久、豐富的真正原因。

伴侶關係的迷思與誤解

不要低估迷思破壞伴侶關係的力量。這些誇大的文化信仰，透過童年故事、童話、電影，以及其他虛構作品，深深埋在我們的集體潛意識裡。研究顯示，百分之七十八的人，對於浪漫愛情的想像，具有灰姑娘與類似的童話元素，因此在伴侶關係中感到理想幻滅、焦慮不安，甚至飽受摧殘，但事實上，大可不必經歷這一遭（Lockhart, 2000）。

普通的誤解也許缺乏潛意識的能量，或者文化信仰的力道，但是它們的殺傷力不容小覷。當「假想」戴上「事實」的面具，將以無數方法衝擊我們的伴侶關係。

迷思與誤解都是幸福關係的絆腳石，它們讓我們在伴侶關係中犯錯，像是迴避可能有益未來發展的衝突（我認爲衝突不好，而且我們應該要快快樂樂的）。或者讓我們陷入沒有解決之道的破壞性爭吵，認爲我們或伴侶肯定有什麼地方不對勁（我是對的，她錯了）。除非能夠確認這些迷思與誤解的存在，並學著避開它們，繼續前進，否則無法公平爭吵或吵出成效。多數伴侶不會「幸福快樂，直到永遠」。幾乎一半的婚姻以離婚收場。值得注意的是，我們堅持追求古老的關係模式，對未來充滿希望的伴侶們持續處於戀愛狀態，但能夠得到快樂結局的卻太少了。

究竟是哪裡出錯？我們試著追求的理想關係不僅難以企及，甚至不值得擁有！「從此幸福快樂」暗示著未經檢驗、沒有知覺且停滯的存在。「從此幸福快樂」不是重點，**從此深刻的體驗生活**才重要。

「從此幸福快樂」容不下艱困時光，只會讓我們迴避憤怒與爭吵，或者害怕著「衝突代表這份關係是個錯誤的決定」。我們試著營造理想生活，而不是活在混亂卻豐富盈滿的現實中。我們迴避爭吵，小心翼翼、不誠實，甚至虛假的對待彼此。我們只說三分話，讓事情維持「很好」的狀態。一旦我們不再裝可愛，卸下小心翼翼的表面，卻又不知道該如何吵一場有成效的架。

如果我們眞的吵了起來，這些爭執通常伴隨著一種絕望感。我們擔心錯誤已經鑄成，我們跟不對的人在一起，甚至更慘，這個人還是什麼怪物之類的。「從此幸福快樂」的幻想滋養出不眞實、膚淺的關係，或者當日常生活與幻想扞格時，憤怒與心痛就會油然而生。這些幻想與一廂情願的想法，漸漸消耗伴侶關係的活力，帶來沒有結論的爭吵、理想幻滅，甚至離婚。

如果你想要從此過著幸福快樂的生活，表示你要得不夠多。「從此幸福快樂」的思維，忽視了許多別具意義的片刻時光，如摩挲伴侶的臉頰、感受她或他肌膚的溫暖等這類的小確幸，或者當你感到害怕、受傷、喜極而泣時，體會到伴侶給予的安慰。它也不允許你爲了不公義而激烈憤慨，或者爲了失去一段關係而哀傷。它也讓你錯失了透過解決衝突、痛苦時得到伴侶撫慰，以及坦然向彼此展現傷痛與恐懼而發展出互信等，建立深層親密感的機會。

那麼，你可以做些什麼呢？你可以學著放掉那些童話故事，從此深刻的體驗生活，即使這意謂著展現憤怒，並對著你的童話王子喊「你這隻青蛙」。

走進伴侶關係的黑森林

通常，來找我們的伴侶都聲稱「想要快樂」，但是，他們對快樂的概念就是有個童話般的結局——由過去的快樂回憶與荷爾蒙激情所編織的未來，充滿夢幻與想像。他們對「快樂」的模糊期待，其實是一種潛意識的渴望，想要避免因爲盡情且充實過日子而引起的不自在與痛苦。因爲不斷與伴侶發生爭吵，或者不再愛對方，或者對別人產生性慾，他們就認爲這份關係出了問題，擔心即使一般等級的挑戰也會讓故事劃下句點，砸鍋了，或者根本沒戲唱了，因爲這些經驗背離了他們對「快樂」的想像。

我們指出，他們走在方向正確的道路上，目前經歷的幻滅與衝突，對於發展眞實、成功的關係都是必須的，他們爲此深受震撼。他們站在一個充滿無限可能的門口。無論如何，他們必須走進未知的荒野，面對各種不確定性，才能打破童話故事的緊箍咒，讓這份關係成長。關於這點，史帝芬・桑坦（Stephen Sondheim）的音樂劇《走進黑森林》（*Into the Woods*）做出完美詮釋。

音樂劇的首幕，極富創意地結合了四則童話故事：灰姑娘、長髮姑娘、小紅帽、傑克與魔豆。一開始，這些童話故事如我們預期的展開——傑克爬上魔豆頂端，發了大財；灰姑娘嫁給王子；長髮姑娘從高塔中獲救；小紅帽逃過狼劫；他們的願望都實現了。本來應該要永遠過著幸福快樂的生活。

第二幕開場，觀衆們還沉浸在上一幕「永遠幸福快樂」的氛圍裡。令人驚訝的是，我們發現劇中每一個角色都不滿現狀，各自懷抱其他憧憬。灰姑娘覺得生活空洞，想要藉著策畫節慶來尋找意義；她的萬人迷王子對她感到厭煩，不再抱持任何幻想，王子但願自己當初尋找的對象是睡美人；長髮姑娘剛剛升格人母，這勾起了她受到巫婆母親殘忍對待的回憶，變得情緒化、極度暴躁；她的王子因此飽受折磨，對妻子也採取疏遠策略；小紅帽則因爲祖母之死而傷心欲絕。他們毫無目標的漫遊，最後全部走進潛伏著恐怖原始力量的黑森林。

情況混亂失控，故事敘述者死了，意謂著他們無法待在事先寫好的童話裡，必須寫出自己的故事。他們被留在未知的領域，只能仰賴自己與彼此的能力，這正是全劇的重要轉折點。

此外，這一刻對劇中的伴侶們來說也非常關鍵。他們拋下伴侶關係的迷思，自由走進感覺、信念及潛意識的黑森林。這一刻，他們可以找到自我與彼此。捨棄迷思的牽絆，他們不需要假裝一切都美好，可以展開刺激彼此成長的衝突。丟掉維持完美關係的包袱，他們可以表達眞實的感覺，並爲信念而爭辯。這一刻，他們開始寫自己的故事，拋掉伴侶關係如詩如畫的錯誤觀念，創造有意義、有目的、眞正親密連結的相處模式。正如我們所指出的，這樣的情況也許比美好關係迷思更加混亂，卻能創造出深刻、有意義、眞實又親密的伴侶關係。

《走進黑森林》一劇受到兒童心理學家布魯諾・貝特漢（Bruno Bettelheim, 1976）的啓發。貝特漢反對將童話故事「均質化」，認爲抽掉故事中關於怪物、遺棄、死亡、巫婆、受傷與黑暗情節的作法，其實剝奪了兒童創造深層內在生命的機會，無法與未來將會面臨的恐懼及其他問題奮戰，當然也失去理解並設定人生方向的機會。

這齣音樂劇中的角色先是抗拒現實，然後紛紛醒悟。灰姑娘在沒有王子的情況下找到人生意義；小紅帽領悟到自己必須在沒有母親與祖母的情況下，以自己的方式面對生命；傑克也在失去母親之後，明白他必須獨自規畫屬於自己的人生航道。每一對「愈吵愈幸福」的伴侶之成員，都必須經歷這樣的旅程。他們必須進入黑森林，超越童話故事的結局與關於家庭的迷思。

那些相信「淨化版」愛情小說情節的伴侶也是如此。遇見命中注定的「那個人」→結婚→從此過著幸福快樂的生活，這種意象必須連根拔起。他們必須走進黑暗，面對未知，順利協調彼此生活結合之後所產生的混亂與困惑。

我們抗拒把「進入黑森林」當作必要的旅程，死命抓著神奇解決魔法。我們相信當衝突無可避免的發生時，肯定有什麼事情出錯了，得找一個更好的伴侶，要不就是這份關係玩完了。我們必須努力解決伴侶關係中面臨的衝突和挑戰，但是可以借鏡的故事與角色模範卻太少。沒有人告訴我們，進入黑森林的路怎麼走，途中可能出現的狀況，該如何與黑暗力量抗衡，如何發展自己的特性與本質。唯有在黑森林裡，我們才能建立深刻的親密感，探索人生的意義與目的。

接下來，你會學到愈吵愈幸福的技巧與過程，可以在你進入黑森林後無路可走時爲你導航，你將展開大膽冒險，並找到成熟、眞正快樂、負責任的生活方式。當你這麼做之後，會變得更獨立，更有能力發展深刻的親密感，同時靠自己的力量成爲各方面都成熟的伴侶。

我們會幫助你在指引下展開安全的探索之旅。你會看清楚並接受自己想要隱藏的部分，同時在伴侶身上發現更多美麗之處，體驗先前無法想像的親密與幸福。我們將協助你深入探索這份關係，而不是只在表面虛晃一招。想要天長地久的關係，沒有簡單的方法。若只探索爭吵的表面原因，無法解決問題。想想我們有多常聽說一對「神仙眷屬」拆夥，並因此感到震驚。他們看起來很好，對檯面下的問題卻避而不談。表面的解決之道，就像重新擺放鐵達尼號甲板上的座椅。沉船時，甲板上看起來好整齊。

對伴侶們來說，要放棄童話式解決方法所帶來的慰藉，是令人糾結的決定。這個放手的過程雖然不愉快，卻值得爲此付出騷亂的代價，接下來會談到雷利與吉娜的故事，足以說明這個觀點。雷利與吉娜放棄「從此幸福快樂」的虛幻迷思，換來眞實的激烈爭執與眞正的親密。面對過程中的不愉快，他們以活力充沛的方式重新建立關係，彼此深切感到滿足，其程度遠勝於先前生活在迷思與表面的愉悅。以下是他們的故事。故事始於他們過著虛幻的、如詩如畫的生活，簡直像電影公司精選出來的卡司組合。

「完美」夫妻走進黑森林

吉娜與雷利過著「從此幸福快樂」的童話人生。她是嫁給萬人迷王子雷利的美麗公主。他們是完全符合條件的「理想」夫妻典型——完美的房子、完美的穿著，建立一個完美的家庭。但是，正如許多童話故事，表面之下隱藏著更深刻的眞實。

他們對彼此的摯愛與日俱減。她抱怨他的自大令人無法忍受，而且很疏離；他覺得她冷漠，對性不感興趣。兩人漸行漸遠，他處在外遇邊緣。他們陷入「欲求不滿」與「如果你眞的愛我，你就會……」的爭吵，通常引爆駁火的藉口，包括：「妳永遠沒那個心情！」「如果妳眞的愛我，妳就會想要跟我做愛。」偶爾，他會抱怨：「妳只是隨便動兩下子敷衍了事。」

當我們和雷利與吉娜展開溝通時，他們把我們當成挽救婚姻關係的最後一搏。剛開始，這對夫妻還抱著一線希望，以爲我們也許可以幫助他們恢復「從此幸福快樂」的心態。我們很快就讓他們了解這個想法的不切實際，接著協助他們看清問題的根源就是對這種迷思照單全收的結果。我們引領他們思考「這種期待有什麼謬誤」，他們怎麼會認爲蜜月期可以無限延長，因爲完美絕配到一個境界，足以無視或克服任何缺失，兩人結合初期爆發的激情熱愛永遠不會消退？我們討論著爲何這種童話觀點的伴侶關係不存在於現實世界。

一旦雷利與吉娜走出「從此幸福快樂」的迷思，他們學會檢討因爲親密關係而引發的爭吵，並樂於尋找各種實用資訊。他們開始把所有互動當成某種形式的性愛。他們了解做愛並不只限於在床上，重點是雙方如何把「床」準備好。從買家具到烹飪，所有事情都成爲增進親密感的機會。性生活也會愈來愈美滿。爲了達到這個目的，他們重新定義如何讓關係更美好。剛開始，很難讓這一對伴侶看清問題的全貌。針對棘手的主題進行討論與爭辯的過程，其實是痛苦的。他們經歷幾次激烈的爭執，爲了應用「幸福六招」，必須重返過去的戰場。他們學會辨認：討論與爭吵在什麼狀況下會變得具有破壞性，可能危害彼此的自信。

他們所依循的步驟，你可以在接下來的章節中學到，首先要檢視彼此深層的渴望與欲望。雷利明白自己渴望的遠遠不只是性。工作很辛苦，他回到家時常常處於心情低落的狀態，希望透過歡愛讓自己覺得好過一點。吉娜渴望雷利能夠正視並珍惜她的存在，而不是把她當成紓壓裝置。確認內在渴望，這是穿越黑森林的第一步。爭吵仍然會發生，但是他們已經可以深入挖掘原因。

他們對探索的結果深感驚訝，沒想到透過負責的方式討論內心的基本渴求，竟能深化彼此的親密程度，同時讓他們的對話超越整理家務、每週做愛次數的層次（性愛頻率與滿意度的確雙雙提升）。他們驚訝的發現，依循「面對渴望」與「投入互動」兩大幸福技巧，即使有時候過程相當痛苦，雙方卻能夠更誠實的進行討論。更讓他們驚訝的是，兩人在爭吵中體驗到互相肯定。感受雙方在爭執中展現的誠實與責任感，本身就是一種滿足。通常結束爭吵之後，他們會在彼此充滿愛意的懷中熟睡，感覺如此親密，遠甚於之前「有做沒有愛」的肉體結合。他們發現，所有互動——不論口語或肢體——都變得更令人滿足，關係也更深刻了。

於是他們進入第三步驟，揭露那些導致彼此產生限制性信念的過往，同時也向對方展現更多內心眞實面。他們走進黑森林，發現這些迷思彷彿程式碼，內建在家族的起源。雷利因爲不快樂，尋思著發展一段婚外情。深入探索之後，他發現這種限制性信念可以追溯到前幾個世代，家族中的男人認爲女人永遠無法取悅他們。吉娜也在自己的家族中，發現對男女關係的類似看法。他們兩人學習找出森林裡的行進路線，以更快走出爭吵。

事實上，他們開始應用第四項幸福技巧：他們不但不迴避爭吵，反而在那些尚未滿足的渴望浮出檯面後，擁抱爭吵。這麼一來，爭執的激烈程度會降低，問題也能夠更快得到解決，進而達到深層的了解與親密感。他們準備好要邁向接下來的步驟，迎接眞正的改變，全心投入探索自我與這份關係中令人恐懼的領域。他們仍然會想起童話故事般的生活，但是，他們愈來愈不會抗拒走進黑森林展開「心」旅程，而且變得愈來愈契合。

我的童話故事、錯誤理念與神話

對於伴侶關係，你有什麼樣的迷思？有沒有哪些童話你明明知道是假的，卻暗自希望故事成真？有哪些溫馨家庭故事或電影，你希望它們在現實中成為你的人生？

後患無窮的七個錯誤觀念

並非只有「從此幸福快樂」的白馬與萬人迷王子的故事會誤導我們。無數的錯誤觀念也會讓我們在爭執中偏離正軌，對伴侶關係產生「將就」的想法。

正如「從此幸福快樂」的迷思，這類錯誤觀念讓我們對伴侶關係懷抱不切實際，甚至有害的期待，同時也阻礙我們學習「幸福六招」。我們也因此迴避衝突，甚或導致私下大吵，公開互嗆。這類爭吵永遠無法眞正解決問題，因爲它們的導火線是一連串關於建立美好關係的錯誤信念。

你將會知道，其實你們之間的爭吵極少就事論事。你必須先破除錯誤觀念，才能找出問題的眞正癥結，接著才能投入有成效、具成長性的爭執。爲了達到這樣的目標，讓我們檢驗一些最常見的錯誤觀念，以及如何察覺它們是否影響你在一段關係中的行爲。

錯誤觀念❶：只要有了另一半，我就會快樂

伴侶關係能否讓我們持續快樂，並成爲解決一切痛苦的萬靈丹，是當前伴侶關係研究探索的主題之一。伴侶關係也許能夠在短期間內促進快樂，卻無法帶來長久的滿足與親密感。事實上，伴侶在婚後兩年感受到的快樂程度，已經回復到各自單身時的水準（Lucas et al., 2003）。看來我們似乎擁有某種快樂「設定值」，經過一段時間後，會自動回到定點（Gilbert, 2007）。

伴侶關係不會讓我們快樂，擁有心愛的另一半不會讓我們快樂，但我們具備獨力改變自己快樂程度的能力。期待伴侶改變我們的快樂程度，是不切實際的，而且會引發失望。如果對此抱持夢幻式的期待，就是對伴侶關係的期待過高。結果，當衝突無可避免的發生時，我們通常會認爲自己當初做了錯誤的決定。如果我們相信伴侶關係應該讓我們感到快樂，那兩年的快樂增高期無疑預設了從高點墜落的命運，因爲我們總會回歸到原始設定值。

錯誤觀念❷：愛就愛了，愛就是接受我本來的樣子

「你應該愛我本來的樣子。」是啊，也許吧，但是這還不夠。這個錯誤觀念餵養出停滯、繞圈圈的關係。科學研究顯示，更重要的是愛上我們未來會成爲的那個人，以及我們可以攜手成長的願景。當然，我們應該珍惜伴侶此刻的一切，但是，所謂美好的關係就是支持他成就理想中的自我；如果追夢成功，他會成爲的那個「自我」。

研究顯示，互相幫助對方成爲理想中的自我，可以創造最令人滿足的伴侶關係。愈能夠學習新事物、成爲更好的人，對伴侶關係愈有幫助。愈是能夠從

伴侶身上體驗自我擴展（Self-expansion）的人，不論是新思維、不同的生命態度、新體驗、個性特質、看待事情的觀點、知識等等，愈能夠在伴侶關係中得到滿足，忠誠度也愈高。（Aron et al., 2013）

最終目標並非幫助某人改變，而是支持這個人成爲他／她想要成爲的「自我」。羅斯伯特、芬克爾與熊代（Rusbult, Finkel, and Kumashiro, 2009）首次提出「米開朗基羅現象」①，也就是我們互相雕琢，激發對方努力達成目標。透過每一次互動，我們可以推動伴侶朝理想自我更進一步，或者離得更遠。我們能讓彼此成爲進階版的「自己」。

錯誤觀念❸：找到「那個人」或「靈魂伴侶」就搞定了

當浪漫的愛情漸漸淡了，你將會痛苦的發現，你的靈魂伴侶並非全方位完美。最近一項研究顯示，百分之七十三的美國人相信他們會找到命中注定的另一半、眞正的靈魂伴侶（Marist Poll, 2011）。抱持這種信念的人，通常確信只要伴侶關係「對了」，一切問題都能迎刃而解，你們會愛著彼此原來的樣子，因爲命運的羅曼史早就把你們綁在一起。

譯注 ① 米開朗基羅現象（Michelangelo Phenomenon）：心理學家認為伴侶之間會以微妙的方式相互「塑造」對方，讓對方逐漸趨近自己心目中的理想形象。

眞實的情況又是如何？伴侶關係研究（Knee, 1998）顯示，相信靈魂伴侶說，以及尋找靈魂伴侶者，反而更難在關係中體驗親密感！靈魂伴侶追尋者只想證明自己潛意識中一廂情願的想法。他們到處尋找「陽性」的情緒反應——兩個人之間的**化學作用**或**相容性**——這又是伴侶關係的兩大謬誤！他們相信人們如果不是一拍即合，就是一拍兩散。研究顯示，因爲上述想法，靈魂伴侶追尋者剛開始對待伴侶都熱情破表，特別是當一切水乳交融、毫無衝突時。但是，隨著各種問題無可避免的出現，他們認爲這代表彼此不是「注定」應該在一起的人，因此就不面對那些問題，結果，往往讓一段可能前景美好的關係提早結束。

他們沒有愈吵愈幸福，而是經歷更多焦慮折磨，統計上來說，他們也比較不容易原諒伴侶，不會找出共同學習與成長的機會（Finkel, Burnette, and Scissors, 2007）。如果關係不盡完美，他們比較可能放棄並重新尋找新的「正確」配對，或者讓自己陷溺在不快樂的情緒中。這種態度容易發展出多段激烈卻短暫的羅曼史與一夜情，而非長期的、令人滿足的關係。

另一方面，相信伴侶關係需要培養的人，會尋找可以共同學習與成長的另一半，爆發衝突時可以共同解決，提升彼此與這份關係。他們相信，即使面對艱困的處境，彼此的關係也會隨著付出心力而進化、成長及更深刻。也許剛開始時，這些人與伴侶的關係，不及靈魂伴侶追尋者那麼熱情、那麼心滿意足，卻能夠與時俱進，更長久，也更能滿足彼此。當出現問題時，他們會積極解決，對伴侶忠誠，一起進化，也一起成長。

錯誤觀念❹：個性相容很重要

關於個性相容的錯誤觀念——雙方有許多共通點，這是「注定」要在一起的徵兆——這是靈魂伴侶錯誤觀念的變種。逛一逛約會網站，你會發現多數單身者徵求對象的條件，都是擁有共同興趣，也就是喜歡相同事物，彼此有共通點的人。他們認為這些條件可以提高彼此的相容程度，比較容易讓自己成為別人的「那個人」，或者幫自己找到「那個人」。

真實情況又是如何？根據一些頗受尊重的婚姻研究者表示（Marano and Flora, 2004），個性相容的重要性被高估了，而且，過度關注這點可能意謂著伴侶關係出現狀況。相較於不快樂的夫妻，快樂夫妻的個性相容程度沒有更好，也沒有更差。不過，如果任何一方開始抱怨「我們個性不合」，或者強調彼此個性相容有多重要，他或她眞正想說的是：「我們處不來。」相容這種概念是一時的，它來來去去，沒有一對夫妻的相處是永遠相容的。好的關係不是看彼此是否相容。幸福的夫妻坦然接納彼此的不同，並且在過程中成長。眞正重要的是，他們分享內在深層的價値觀、人生的意義與目的，以及爲追求成長而付出努力。眞正重要的是共同價値觀，而非共同興趣。

錯誤觀念❺：沒有化學作用，一切白搭

啊……羅曼史……鮮花……燭光……月下共舞……如果羅曼史與熱情爆發，化學作用與眞愛必定相隨。事實上，羅曼史與化學作用、眞愛都沒啥關係。這個錯誤觀念如此普遍，甚至連字典的解釋都有點模糊，形容「羅曼史」是：一、一段戀情，特別是短暫而激烈的那種；二、感官之愛，特別是愛慕對象或這份關係被理想化。唉！短暫而激烈的戀情，或愛慕對象與關係被理想化的感官之愛，這些都不是「眞愛」的定義。

浪漫時刻很美妙，但是當一段關係以「羅曼史」爲基礎，問題可就大了。

單純建立在「羅曼史」上的關係脆弱且膚淺。以下是兩則關於化學作用的引語，第一則宣告它的乍現，第二則宣告它的驟逝。

「我簡直血脈賁張！」「她讓我神魂顛倒，我完全都沒心思想其他事情。」「我戀愛了，徹底驚呆了。」「我們瘋狂陷入熱戀。」

「我對他再也提不起性趣。」「我們之間沒有化學作用。」「我們不愛對方了。」

某種程度來說，化學作用有其眞實性，但是，倚賴它來衡量伴侶關係的發展，會惹出大麻煩。首先，化學作用雖然很棒，伴侶們卻常常因此無法進行有意義或戰鬥式的討論，以釐清對彼此眞正重要的事物。他們激情難耐，只顧著以肉體而非以心靈溝通。其次，當化學作用必然漸漸淡化後，伴侶們會變得苦惱鬱悶，爲了錯誤的理由而爭吵，追究爲什麼彼此的化學作用消失了。於是，他們可能提早終結一段有潛力邁向深刻又充滿親密感的關係。

現實生活中，化學作用就是一場化學物質大暴發的體驗。剛剛墜入情網，或者爲浪漫戀情所苦時，人們會體驗到一波洶湧的化學物質——荷爾蒙、血清素、多巴胺的來襲。愛情是情緒性、化學性，以及肉體的體驗。如果在人們看著愛慕對象的相片時，同步進行腦部掃描，其大腦看起來就像強迫症患者，或者用藥成癮的人（Marazziti et al., 1999）。這種現象說明了浪漫之愛初期的癡迷本質，我們稱之爲「墜入情網」，一旦墜入，很難集中精神進行日常活動。羅格斯大學人類學家，海倫．費雪（Helen Fisher, 2004）教授發現，剛剛被特定對象「煞」到的人（請注意，我們並沒有說這是「戀愛」），整天百分之八十五的時間都用來朝思暮想愛慕對象。他們情緒高昂，非常癡迷，處於一種變化狀態，這說明了我們有時候染上「相思病」的感覺。這是一種短暫的化學體驗。這些化學反應無法持久，雖然令人興奮，卻不是那種有延續性的、能帶來滿足的親密感。

很多人認爲，當化學反應走到盡頭，他們的愛情也宣告終結。其實未必。他們也許準備進入愛情的下一個階段，通常稱之爲「友伴之愛」（Sternberg, 1986）。不同於癡戀初期的折磨、激情之愛，友伴之愛比較不激烈，卻擁有極大的能量，同時包含依附、親密、忠誠，以及深深的愛慕，它可以進化，讓愛圓滿，產生幸福感。

錯誤觀念❻：感受到吸引力，就「中」了

「那不是我的菜，我不能跟無法吸引我的人在一起。」或者「我沒有那麼被你吸引。」沒有被吸引，可能不是什麼大問題。吸引力可能帶你上天堂，也會帶你下地獄。吸引我們的人，未必跟我們最速配，事實上，往往正好相反。吸引力是我們對他人的一種自動反應，代表我們潛意識中與父母關係的某些面向。吸引力愈強，愈能反映出該面向的特質或其鏡像；疏離的父親造成你無法抗拒得不到的男人，或者，施虐的父親導致你被軟爛男給吸引。事實上，沒有那麼吸引我們的人，可能才是更合適的伴侶。

我們與父母的早期關係，形塑了一種潛意識模式，影響我們對愛情的看法與「感覺」，這就是科學家所說的「依附基模」②（Siegel, 2012a）。這成為因應伴侶關係的模板，決定我們成年之後會受到什麼樣的人吸引。不論童年初期關於「愛」的體驗如何惡劣，只要這種吸引力的「感覺」宛如當時重現，我們

譯注 ② 基模（schemas）：心理學概念，個體用來認識與理解周圍世界的基本模式。

就會把它當成「愛」。簡化來說，如果父母一方或雙方的態度疏離，我們會將「愛」等同於「疏離」。如果他們習慣辱罵施虐、貶抑，或者過度保護，我們會把這些特質與「愛」的概念做連結，並受到讓我們產生相同「感覺」的人吸引，因爲我們在潛意識裡想要圓滿或修復童年初期的模式（Hendrix, 2007）。

埋在童年回憶裡的陳年模式終會浮出檯面，而你將不再受到這些特質吸引。但這並不表示你不再愛對方，或者選錯對象；而是你該深入探索這個人讓你傾心的原因。

錯誤觀念❼：有愛就夠了

像這樣幼稚、過度單純的準則，只有死路一條。光是有愛還不夠。伴侶關係就像所有自然成長的事物，需要維護與滋養。美好的關係不會從天上掉下來，它需要技巧、練習，以及投注心力學習與成長，不是光靠「愛」而已。

這種錯誤觀念讓人們在愛情中變懶了。他們無法負起「讓愛成長」的責任，其中包括困難甚至令人煩亂不安的對話。抱持這種錯誤觀念的人們，賦予愛神奇的魔力，認爲只要有愛，不必做任何事就能處於一種虛假的幸福狀態。

最極端的情況下，我們可能無視伴侶酗酒的問題，因爲這種信念讓人們以爲應該無條件接受另一半。它同時讓人們迴避衝突。但愈是閃躲，問題會愈演愈烈，不快樂的情緒愈積愈深，終於引爆於事無補的爭執，走到極端，只有離婚一途。

投注心力與應用技巧，是構成幸福關係方程式的基本元素。仍然有許多人認爲，「愛」應該很簡單。我們以爲自己處在一段關係中，當然知道如何引導及操控。當關係變得棘手時，我們相信肯定有什麼地方出錯了，卻不願意提升相關技巧來因應挑戰。我們會說：「關係走樣了，變得太麻煩了。」愛，當然有幫助，不過，光是有愛還不夠。我們必須付出努力。

生活中有些事情，我們不會認爲它們很簡單，或是天生就能自然上手，所以才會努力改善揮高爾夫球杆的動作，接受訓練來強化專業技巧，或是上瑜伽課。但是，我們卻相信有愛就夠了，不需要投注心力在親密關係上，不需要持續學習、成長及精進。比起學習婚姻雙人「舞」，我們可能更願意把錢與時間用來學習「武」術。

眞正的羅曼史

拋開迷思與童話故事，並不代表放棄羅曼史。你可以擁有羅曼史，也應該擁有。想要享受眞正的羅曼史，不妨思考關於它的另一種定義：富於冒險與興奮的精神或感覺，具有創造英雄式結局的可能性。它意謂著懷抱潛在的英雄特質，走向未知，走進桑坦的黑森林。提升那些引領我們走進黑森林的技巧，保持頭腦清醒，投入「戰鬥」，擊退眞正羅曼史的敵人——對自己與伴侶的最深需求無知無感。挖掘童年創傷，或者與另一半針對敏感議題正面衝突，這些都會讓人害怕，但是，這也是通往幸福的必經之路。一旦超越迷思與錯誤觀念的束縛，儘管眞實情況十分棘手，令人難以消受，但是，你可以勇敢面對，並且知道這麼做可以幫助自己成長，且變得愈來愈實在，愈能活在當下，愈眞誠。你踏出英雄式的一步，面對並分享全部的自我，包括你的眼淚、恐懼、喜樂、才華、弱點，以及最眞實的情緒。

買巧克力、買花，或者預訂浪漫的餐廳共進晚餐，都很簡單；而分享你對自己、伴侶及這份關係的那些悶在心裡的感覺，可就難多了，但是這對營造長期而深刻的結合卻助益良多。丟掉那些迷思與錯誤觀念，迎向比較困難，但回饋卻更可觀的真實人生。

踏出這一步，你將會觸及內心最深的渴望，最終將找到穿越黑森林的道路，找到更深的人生意義與人生目的。內心最深處的渴望，就是引領旅程的羅盤，也是我們下一章的主題。

Part 2

吵架的藝術

「幸福六招」讓你愈吵愈幸福

Chapter 4

面對渴望

發現，並追隨你的渴望

爲什麼我們會吵架？因爲心中有**渴望**。

不，我們不是爲了選擇衣服、牙膏蓋歸位、馬桶蓋放下來，或者倒垃圾而產生渴望，甚至連「性愛」也不是。我們渴望的是，這些行爲所代表的事物——對我們內心深處來說，它們的意義爲何。我們渴望被看見、被聽見，渴望愛與被愛，渴望表達自我，渴望做出改變，或者參與比自己更偉大的志業。我們無時不在渴望中，卻很少確認它究竟是什麼。「渴望」是暗地裡奔竄的強烈電流，我們也許沒有意識到它的存在，它卻對我們的行爲產生影響。它促使我們去愛，也迫使我們爭吵。

發現並追隨你的渴望，這就是幸福第一招。沒有被滿足的渴望，是所有爭吵的核心。一旦渴望被滿足，就會成爲親密與滿足感的基礎。學習拆解爭吵，深入內心隱藏的渴望。隨時積極追求渴望，就能爲親密打下堅固的地基。

「渴望」不是軟趴趴、先天不足後天失調、肉麻當有趣、你喜歡就好等這類的玩意兒。我們每個人，七十億地球人的渴望機制，全部都是「內建」，與生俱來的。要學會疏導渴望的力量，否則你就無法掌握爲伴侶關係帶來最大滿足與能量的技巧。

唯有渴望，才能成就神奇。渴望去愛、產生連結、創造、追求卓越、讓自己被當一回事、做出改變。如果妥善引導渴望，不只能夠帶來愛、滿足、親密與契合，更能讓你展現最好的一面，對伴侶關係與周邊的人事物做出更大的貢獻。「渴望」點燃所有創造的火花，像是啓迪人心的藝術、撩動靈魂的音樂、宏偉的教堂、疾病的療法，還包括大愛與無私的服務。不被承認、未經引導、沒有被滿足的渴望，會讓你覺得空虛、不快樂、不滿足，在伴侶關係與生活中，也會自覺不幸又悲慘。沒有被滿足的渴望，終究會在爭吵中爆發。我們企圖透過爭吵來滿足渴望，卻往往搞錯目標而走錯路。面對渴望，引導渴望，滿足渴望，可以爲這份關係帶來親密、幸福與貢獻。

我們的渴望，驅策我們與他人產生連結，提供支持與關懷，讓自己成爲有份量的人，能夠做出改變，並追求崇高的目標。又因爲我們生來是要渴望的，所以當它們沒有被滿足的時候，我們必然會覺得心煩——**真的**很煩——以至於想要放棄嘗試。當我們無法滿足渴望時，應該會想要抱怨、想要抗議、覺得苦惱、覺得空虛、暴躁易怒，而且火大到想要針對這種現象做點什麼。而你還以爲你是爲了「誰倒垃圾」這種事吵架。

你有渴望嗎？

你怎麼知道自己是否有任何渴望？這麼說吧，只要你還有一口氣在，就有渴望。沒有被滿足的渴望，以各種方式浮出檯面，可能是隱約的不滿足、無以名之的憧憬、一成不變的枯燥生活、伴侶關係有狀況，或者天翻地覆的大吵（Wright and Wright, 2013）。這些渴望在意識底層運作，引領我們進入並投注心力維繫伴侶關係。它們同時也是引爆爭吵的燃料。事實上，與親密愛人爭吵，讓沒有被滿足的渴望浮出檯面，是面對渴望的方法之一。

檢視下列渴望沒有被滿足的情節，你對哪一則最有感？

◆你為了同樣的事情吵了又吵，似乎永遠吵不出個所以然。

◆你隱約對這份關係感到不滿足，卻又說不出究竟是怎麼回事。你沒有被家暴，他沒有小三，也不是酒鬼，那麼，問題出在哪裡？

◆蜜月的感覺不再有。兩人的關係很不錯，你卻想要更多，但又不想破壞現狀。

◆你們本來聊得好好的，突然間，砰！你們其中一人不知道被什麼惹毛，引爆一場可怕的爭吵。情況變得很緊繃，你知道如果可以出去度假，或者多做一點愛，一切都會沒事的。

◆你害怕把問題搬上檯面，所以乾脆不提，或者，你提出這份關係面臨的問題、某些你想要改變的狀況，你的伴侶卻百般閃躲、反唇抱怨，或者掉頭走開。

這些狀況都是渴望沒有被滿足的例子。你的渴望就像內在的導航，爲你指出可以得到更多滿足的方向。當你應用這個技巧，積極讓你的渴望被看見、被聽見、被珍惜、被愛，同時認眞看待之，並試著做出改變，你就能深入探究爭吵的核心，了解自己眞正渴望的事物。你可以看見不滿足的底層、表面的緊張、生活中的常規與慣例，進而發現自己渴望的事物。你可以直接表達自己的需求，深入爭吵核心找到渴望，從而解決爭吵，同時透過跟伴侶分享深層的渴望，讓彼此更契合。

以下狀況中的渴望都被滿足，感受一下跟之前舉例的不同之處：

◆你的伴侶一看見你，神色都明亮了起來。

◆你心煩意亂，因此向伴侶尋求支持，而她或他一直都在。

◆你表達自己的不滿足，心裡有什麼需求就直接提出來。

◆你們讚美彼此的成功。

當你成功應用這項技巧，就會感到滿足，因爲你不但表達了渴望，而且受到重視、受到關心、被看見、被聽見，也被欣賞。

渴望是什麼，我們渴望著什麼？

渴望是強大的、根深柢固的、演化適應的機制，最初是爲了我們的生存而形成。渴望驅動著我們與別人產生關聯，建立親密關係，展開深入對話，同時也藉此讓自己更成熟。如果你的渴望沒有被滿足，它們會引發驚慌，最後通常導致爭吵。

如何知道自己在渴望什麼？「需求」是明確的，而且需要密切的配合，你的伴侶必須依照你的吩咐去做。「渴望」的範圍比這個定義更大，也更普遍，能夠以無數種方式來因應面對。在滿足深層渴望之前，就從知道自己在渴望什麼開始吧。舉例來說，知道自己渴望被看見，你就多花點心思在自己身上，了解內心深處的想法。這份認識本身就具有冷靜與滿足的效果，你可以獨力探索，不需要伴侶配合或支援。

確認你的渴望

使用圖表可以幫助你學習「渴望」的語言，聽懂它的訴求。閱讀以下表列事項。最好大聲讀出來，看看哪一則讓你心有戚戚焉。很可能每一則都上榜，但是你對其中幾則特別有感。吵架時，利用這張表格確認隱藏在爭吵底層、你內心真正渴望的事物。習慣應用這項技巧，盡可能經常確認渴望的「身分」，必也正名乎。

放諸四海皆準的「渴望」

我渴望……

有安全感

- 有存在感
- 感覺安全，毋須憂慮
- 情感連結與牽絆
- 能夠信賴對方

展現愛與關懷，回應他人情感

- 關懷他人
- 扶持他人
- 發揮愛的能力

與他人產生關聯，看見與被看見，認識與被認識，情感連結

- 被看見，被聽見，被認識，被理解
- 能夠看見、聽見及認識別人
- 感動與被感動
- 感受「被撫觸」
- 能夠同理他人

我的存在能夠被欣賞

- 愛與被愛
- 受到肯定與欣賞
- 受到關懷
- 受到尊敬

展現我的本質、特色與潛力

- 盡情展現
- 盡情體驗
- 學習，成長，再進化
- 創造
- 與他人有區隔，擁有自己的身分認同
- 有影響力
- 比別人優秀
- 充分發揮我的潛力

擁有「舉足輕重」的存在感

- 被認真對待
- 有所貢獻
- 做出改變
- 成就我的目標
- 被重視，也能夠重視他人
- 天生我才必須善用
- 討上天喜悅
- 顯露我的天命

與他人產生連結

- 歸屬感
- 被認真對待
- 與他人溝通
- 與他人建立深層的情感連結
- 情感連結
- 與他人親近
- 與他人交心
- 建立親密關係

與更崇高的事物連結

- 連結比自己崇高的事物
- 與「道」合而為一
- 上述一切皆能水乳交融
- 感受與無垠的宇宙產生連結
- 認識上帝或造物主

做愛或作戰

親密不是兒戲。我們知道，「與心愛的人吵架」乍聽之下似乎有違常情，其實不然，特別是考慮到引領我們建立關係與穿越黑森林的，正是同一股動力，當這股動力遭受威脅，它會引領我們走向爭吵、疏遠、隔離，或退縮。如果你非常在意你的配偶或伴侶，爲什麼說話要這麼難聽，或者你來我往、互嗆不休？答案是，你受到強烈的動機驅策：你想要跟對方連結，並透過連結來滿足內心的渴望。

爭吵多半帶著滿足某種渴望的企圖。可惜，我們通常沒有察覺這份渴望，因此發錯脾氣吵錯架。滿足渴望可以幫助你和伴侶分析爭吵，提升改變某些行爲，如守時、打掃家裡環境、放下馬桶蓋，或者達成其他明確結果的機率。更重要的是，滿足渴望能帶來學習、成長與再進化的機會，更別提能爲你們倆帶來喜悅，甚至幸福。如果你的渴望沒有得到滿足——當心愛的人釋放出「你的存在無關緊要」或者「你在說，我沒在聽」的訊號——不滿會逐漸累積，終至爆發爭吵。

渴望的概念在我們研究「美好生活」的案例時浮現，這些人擁有令人滿意的伴侶關係、可充分發揮能力的職涯與志業，也追求更高的人生目標。他們不只重視外在的結果，更妥善因應內在的渴望，因此達成令人佩服的目標與生活方式（Wright and Wright, 2013）。這些高表現者沒耐心與那些多餘的、令人不滿意的、沒有成就感的行爲及活動糾纏。他們深入挖掘，看清楚自己眞正渴望的事物，承認它的存在，然後直接展開追求大作戰。

鮑伯——

我和茱蒂絲結婚之前，已經完成許多個人成長計畫，希望能夠超越我的寡言父親與控制狂母親的影響，不要成爲像他們那樣的人，但是，當茱蒂絲掀開「你跟你媽／你爸一個樣」的爭吵序幕時，便證明我所做的並不足夠。我的父母是一對很棒的伴侶，但是，我母親抱怨我父親對別人友善，情感上來說卻對她太疏離，直到我父親經過一次大中風，情況才有所改變，從此他的情感表達不但充沛，而且百無禁忌，像個兩歲小娃兒。所以，當茱蒂絲開始抱怨我像我的父親與母親，控制欲強，而且以沉默做爲懲罰手段時，讓我非常震驚。

茱蒂絲渴望個人特質被看見、被重視，而不是連生活大小事都得順從我的處理方式。對於我的控制，她感覺自己受傷、微不足道，而且很挫折。我們的衝突無可避免地走到這一步，茱蒂絲根據我對特定問題的處理方式，抱怨我就像我母親或父親一樣。剛開始，我拒絕接受她的抱怨，認爲這是任性的攻擊，經過一段時間後，我終於明白，這不只是她希望被看見、被肯定的渴望，沒有得到滿足，同時我也忽略了自己期待彼此親近與被肯定的深層渴望。

我的一位心靈導師嚴厲的譴責我，成爲突破這場混亂的關鍵點，他指責我的控制行爲，要我不要干涉茱蒂絲，而是學著享受這段過程。令我驚訝的是，我們變得更能自得其樂，緊繃的情況也緩解不少，唯有鬆綁控制欲，我才能夠看出隱藏在控制行爲之後的渴望，原來是想要建立更多聯繫與互動。當茱蒂絲希望被看見、被重視的渴望得到滿足後，令人意外的是，最後她在許多事情上做出讓步，順著我的心意。

這時，我才能夠更清楚地看出，我父母心中沒有滿足的渴望，已經深深影響他們的生活態度——我父親總是陷在混亂與肢體衝突中，我母親的口舌極其惡毒。他們渴望基本的安全感，因此造就了我母親的控制欲，而我父親也爲了避免其怒火傷害我們而刻意疏離。有了這層認識當基礎後，我可以滿足想要建立聯繫、尋求肯定與共同成長的深層渴望。事實上，我不只是表面的行爲模式像他們，就連內在的深層渴望也一樣，不同的是，我有他們的借鏡當基礎，可以滿足更多他們當年無法滿足的渴望。

跟多數夫妻一樣，我們因爲不知道有更好的方法可滿足渴望而引發爭吵。（我們現在則是爲了找出更好的方法而吵。）由於無法了解內心渴望的事物，我們往往對看起來無關緊要的事情感到生氣、煩躁、憤怒，甚至絕望。我們希望某件事能改變，或者有不同發展。於是，我們爲了表面「想要」得到的結果而爭吵，卻忽略了埋在底層的渴望。

茱蒂絲——

我花了好幾年才搞清楚，我跟鮑伯吵架是想要被看見、被聽見、被了解的一種方式。初期，我的專斷主觀並非透過語言表達，多半記錄在我的日記裡，各種想法在腦袋裡流竄。鮑伯也非常專斷主觀，表達意見時就像機關槍發射子彈似的。隨著時間過去，我開始在彼此意見不合時喊暫停，整理思緒，確認自己最深沉的感覺——我的渴望。漸漸的，我學會如何認眞面對衝突，明確表達我對鮑伯的需求。透過這些要求、吼叫，以及受傷的感覺，我們將雙方的渴望融入爭吵，發展出對自己與彼此更強烈的同理心。

渴望與想要

鮑伯渴望秩序與安全感，同時希望被看見、被肯定。他希望凡事都能依照他的方法，試圖以此達成目的。如果我們一味強調自己「想要如何如何」，而不正視內心的渴望，爭吵就只是在原地繞圈子。就像鮑伯，我們總是過度抱怨，或者勉強自己，就算我們溫言軟語地詢問自己「想要」什麼，通常也不是在內心渴望裡追根究柢求正解。心理學家與經濟學研究者稱這種現象爲「要錯了」：誤以爲要到某樣事物就可以讓我們快樂（Wilson and Gilbert, 2000）。我們都是「差勁的情感偵測者」（poor affective forecaster），總是推測哪些事物會讓我們快樂或不快樂（Wilson and Gilbert, 2005）。

但是，我們常常爲了這些「要錯了」的事物而爭吵。我們想要伴侶坐有坐相、平衡收支、別蠢了好不好、以特別的方式對待我們、毫無怨言地乖乖接小孩放學。當然，這些需求都值得尊重，但是，通常我們之所以「想要」這樣，是爲了不讓自己心煩、驅走惡劣的感覺，或者吵架時占上風。如果沒有察覺眞正的渴望，並把它當成爭吵的焦點，那麼就算得到「想要」的事物或結果，內心仍然無法滿足。

不妨想想，也許你曾經在某一場衝突中說服伴侶同意你是對的，或者依照你想要的方法去做，但事後卻不覺得自己的看法正確，也沒有因此感到快樂。沒錯，他現在記得把馬桶蓋放下來，但是，你仍然感受不到被愛或被肯定。她也許同意多一點魚水之歡，但是，你仍然不覺得自己被重視、被需要。深層渴望還是沒有被觸及，爭吵只能停留在表面層次——永遠無法吵出幸福。若要追求眞正的滿足感、親密感與成就感，你必須了解自己爲什麼在乎那些「想要」的事物。

「渴望」的神經科學

爲什麼滿足渴望比得到想要的事物更令人開心?神經科學研究專家發現，「想要」與「渴望」活化大腦的不同中樞，引發不同的結果。其中一個帶來滿足感，另一個則否。你在學習「幸福六招」的過程中，也將學習多多開發渴望中樞。首先，你必須先了解「想要」帶來的挑戰。

「想要」驅動的大腦快樂中樞，又稱爲「需求中樞」（Berridge, 2009）或「興奮中樞」（Doidge, 2007）。這個腦區因爲多巴胺刺激而活化，讓我們變得情緒興奮。此處的大腦活化可促使我們追求欲望的實現，但是這股興奮感爲時不長，是一種暫時性的「癮頭」，無法讓我們產生滿足感或成就感。當興奮感消退後，它會啓動另一波「想要」的癮頭，以刺激多巴胺分泌，形成永遠無法爲我們帶來眞正滿足的上癮循環。另一方面，「渴望」所活化的大腦快樂中樞，神經科學家稱爲「滿意中樞」（Doidge, 2007）或「喜歡中樞」（Berridgem 2009），我們則稱之爲「渴望的落腳處」。這個大腦快樂中樞受到類鴉片神經傳導物質刺激，這種物質會帶來強烈的滿足情緒。當關係中的渴望得以落實，如享受愛與被愛、個人價值被看見、心底的聲音被聽見、被對方感動、受到重視時，我們不但活化了這個快樂中樞，也體驗到眞正的滿足。就像經由運動與逐步強化重力訓練，來提升肌肉的力量，你也可以學習如何更有效的活化這個快樂中樞。

記住「想要」與「渴望」在科學定義上的區別，可以讓爭吵的意義及衝突的效益大不相同。我們不會「渴望」吵贏一場架；我們「想要」吵贏一場架，多巴胺會讓人興奮，但興奮之後，也虛脫了。你可能會有片刻感到沾沾自喜及高人一等，但是，如果渴望沒有得到妥善回應，這些感覺都只會一晃而過。唯有深入挖掘你的渴望，才能帶來滿足。

以這種方式分析伴侶之間的爭執，能幫助你找出隱藏在「要錯了」底層的渴望。很多時候，你並不知道自己在生命與一段關係中，眞正想要的是什麼。你可能會相信自己眞的需要更多性愛、豐厚的薪水、多金的工作、異國假期，甚至是一塵不染的房子。但如果你意識到自己渴望的不僅於此，伴侶之間的爭執就能成爲親密關係研討會，啓發你們探索更深沉的欲望。

看看喬治與莉塔的案例。喬治堅持家裡必須整潔有致，莉塔則很抗拒——這是「馬桶蓋掀放與其他家事爭端」的另一版本。喬治的要求讓莉塔覺得自己很遜。這幾年，兩人愈吵愈凶，直到喬治終於明白，「東西到處亂放」將他童年的不愉快經驗帶到當下。他出生在一個鬧哄哄的家庭，父母感情不睦，身爲家中長子，他總是提心吊膽的拚命撐住，不讓全家分崩離析。喬治渴望安全感，一個整整齊齊、所有擺設就定位的家，這是他填補內心深層需求的方式。

一旦喬治知道自己想要的不只是把書籍與銀製餐具安置妥當，他與莉塔爭論的其實是根植於童年時期更深刻的問題後，他在莉塔始終如一的忠誠裡得到更多慰藉。他們的衝突變得更豐富、更親密，居家環境也變得更有條理，從銀製餐具到藏書，乃至兒子們的房間，以及其他。他們應用「幸福六招」深入爭吵核心。

喬治在理解自己的渴望之後，個性變得比較溫和，也更放鬆。這讓他以比較開放的態度面對莉塔的家務整潔「不耐症」。她終於可以坦誠說出，比起她這個人，喬治似乎更在意家裡是否整齊的態度，讓她很受傷。透過爭辯，她了解自己眞正憤憤不平的是，喬治想要一座娃娃屋，而不是跟她共同擁有的「家」。

在試圖確認埋在「想要」底層的「渴望」過程中，喬治發現自己不只渴望「整潔之家」代表的安全感，更渴望知道自己對莉塔的重要性。莉塔同樣渴求對方的重視，兩個人都渴望被看見、被了解。當喬治說明他的不安全感源自於雜亂無章的家庭背景，莉塔也能夠確認自己渴望因爲「她」這個人而被愛，而不是因爲她的長相或她做了什麼。了解彼此深層的渴望，讓他們能積極合作，成就彼此引以爲傲的家庭與婚姻關係。

口頭爭吵可以讓深層渴望浮出檯面，但解讀這些渴望則需要時間與堅持，以及從本書學到的技巧。至於現在，首先要確認你的爭吵具有超越世俗和膚淺的強大目標，爲的是滿足你的渴望。你愈了解渴望，愈容易讓你和伴侶之間的爭執及其他相處時光更親密，更有意義。

哪些事讓伴侶關係撞牆？	哪些事讓伴侶關係向前行？
● 「渴望」沒有得到滿足 ● 擔心無法讓「渴望」得到滿足	● 「渴望」得到滿足

哪些事讓伴侶向前行，哪些事讓伴侶關係撞牆？

當你想起兩人關係中的美好時光，很可能會歸因於特定環境或行爲：從中得到的樂趣、浪漫晚餐、湖濱漫步、超棒的性愛、他的貼心舉止，或者她的性感模樣。你不會將這些美好時光看成「噢，我們的渴望被滿足了」。當你想起兩人的爭吵，思緒可能繞著伴侶卑劣的言行打轉，以及一些重複出現的老問題，如財務衝突（爲錢爭執）、「我們在假日時總是到你媽那裡」（家族紛爭）、「你爲什麼非得這麼說不可？」（你讓我好糗）。你不會立即想到那些潛伏在表象之下、未曾滿足的渴望，或者「永遠無法滿足這份渴望」的恐懼。美好與惡劣時光的底層，潛伏著強烈的動力，若無法了解箇中運作，意謂著你不尊重或無法有效駕馭這股力量，使其發展出優質爭吵與優質關係。

渴望是與生俱來的

渴望是與生俱來的。我們渴望情感連結、渴望被關懷，這不只是情感的偏好；它是攸關生存，最重要的生物性需求（Lieberman, 2013）。渴望建立密切關係、渴望去愛，能確保父母照顧子女。我們渴望存在、產生連結、能夠同理他人、進行溝通，凡此種種都幫助我們形成團體，分享資源，提升保護力，對抗敵人，增加生存與蓬勃成長的機率。

我們已經內建演化「程式」，只要跟隨渴望就能得到好處。當渴望得到滿足，我們的內在系統會充滿「感覺美好」的神經化學物質（Coan, 2008）。我們會產生非常良好的感覺，如滿足、充實、愉悅、滿心善念，甚至極樂無憂！當這些系統受到任何形式的威脅，如渴望沒有得到滿足、伴侶疏離或無法企及，或者感覺這份關係受到威脅時，就會「喀砰！」當下啓動神經生物警報，以回應可能造成的失落或分離，「感覺好糟」的荷爾蒙與神經化學物質到處亂竄，阻礙興奮系統，引發我們「戰鬥」、「逃跑」或「消失無蹤」的反應（**Panksepp**, 1998）。

在爭吵的氣頭上，你以爲自己的憤怒、恐懼與悲傷，源自於伴侶的行爲，或是引發衝突的特定事件或情況。也許你眞的受傷了，也許你的「他」太混蛋了，但事實上，這種情緒的激烈起伏可以在基本神經化學裡找到原始素材。

渴望是一輩子的事

終其一生，渴望是一場不斷「活化」的進行式。我們對愛、情感連結與安全感的渴望，始於幼兒時期對照顧者的依附，持續到成年時期則是對情愛關係的戀慕。我們對於情感連結有著最原始的需求，失去這份連結則是我們深沉的恐懼（**Bowlby**, 1969）。深入探索我們與所愛之人的互動，隱藏在底層的都是與依附相關的渴望，渴望情感連結、渴望安全感、渴望被撫慰、渴望被保護（Bowlby, 1969）。

以下是定義兒童與成年時期情感關係的依附系統四面向。檢視一下，你是否對這些「內建」的情感驅動程式心有戚戚焉：

◆兒童時期**尋求**與照顧者**親近**，成年時期**尋求**與所愛的人**親近**。

◆依賴照顧者或伴侶，將他們視爲提供安慰與支持的**避風港**，當我們感覺害怕、受威脅、有危險時，可以尋求庇護。

◆照顧者或伴侶爲我們提供可以學習、成長、探索的**安全基地**。

◆當照顧者或伴侶無法企及、沒有回應、不夠眞誠互動時，我們將體驗**分離焦慮**，並提出抗議。

我們知道你是成年人，不再躲到母親的裙襬下尋求安全感，但是，這份驅動力將延續下來，成爲愛戀依附與親密的基礎。

當我們從伴侶身上體驗到支持、契合與安全感，「渴望」得以滿足時，感覺如此美好。反之，當伴侶之間的爭吵或生活壓力，威脅到我們的避風港，因爲害怕危險或失去所愛，我們將產生依附警訊與原始恐慌（Bowlby, 1973）。這種潛意識的警訊或恐慌會引發爭吵。而我們因應恐慌的態度，往往深植在衝突的根源。它會引發爭吵，或者讓情況變得一發不可收拾。以下伴侶間的爭吵或不同程度的不快樂，都源自於依附警訊或恐慌：

◆**你為什麼不能早點回家**？——我們尋求彼此親近與一個避風港。我們渴望受重視，有安全感。

◆**為什麼我們不能有更多性愛**？——我們渴望被撫慰，渴望感覺安全。我們尋求彼此親近與情感連結。

◆**你不像以前那麼愛我了**。——我們尋求一個安全基地。我們渴望對這份關係沒有疑慮，並受到重視。

◆**為什麼你這麼疏離、急著抽身、轉身就走**？——我們尋求情感連結與一個安全基地。我們希望與對方的情感連上線。

呼應內在依附系統的是我們與生俱來的照護系統，亦即渴望愛、關懷、滋養與保護他人的演化基礎（Bowlby, 1969）。依附與照護系統，讓我們感覺充實、安全、受關懷。另一個互爲主體性（intersubjectivity）系統，則爲我們的同理心提供基礎。它提升我們看見彼此、感受與了解對方的能力，能體會伴侶的理智與情感層面，理解他或她的想法、感覺及人生體驗（Stern, 2004）。它幫助我們與伴侶共同體驗溫暖與深刻的親密感，彼此看見與被看見，深層對話，感受到對方能夠「感同身受」（Siegel, 2012b）。依附帶來安全感與保護感，互爲主體性則讓我們能夠溝通，並促進相互了解。藉此，我們可以強化直覺理解對方的能力，而這同時也是生存的助力（Blakeslee, 2006）。

許多爭吵源自於我們渴望被了解、被珍惜，即情感連結、熟悉與被熟悉、了解與被了解的渴望。爭吵通常是爲了建立重要情感連結的嘗試：「你從來不認眞聽我說。我**告訴過**你，今天有一場重要的發表會。跟你說話就像對電線桿說話似的。你甚至不用正眼看我！」

我們的演化系統持續被啓動，終其一生都會持續發展。兩歲時渴望與眾不同，表達他或她的自我意志，渴望擁有影響力；青少年時期渴望歸屬，同時展現獨特性；十八、九歲時渴望表現勝過他人，展現主導力，成為獨一無二的個體；成年之後則渴望成長與蛻變，闖出名號，充分體驗人生；熟年之後則渴望天人合一，隨心所欲。（Wright and Wright, 2012）。

愛戀關係啓動童年渴望

伴侶關係模式的根源深植於童年，你是否老是選擇害怕做承諾的傢伙、無法企及的渴望對象，或是黏人、占有欲強烈的伴侶？你的童年依附形式，成為你在建立伴侶關係時的「內在運作模式」（Bowlby, 1973），並決定你會被誰吸引，你會跟誰在一起，你會跟誰產生關聯。不論你在人生初期階段，從什麼樣的性格或態度中感受到愛，成年之後，它就會成為你追求愛情的樣板。舉例來說，如果你的父親個性疏離，你會在潛意識中看上無法得到的男人，想要從他身上得到愛情，或者，你會選擇與父親正好相反的男人，雖然個性黏人卻同樣無法「到手」。你童年時期經歷的痛苦、傷害與恐懼，都將在成年的愛戀關係中重新浮現，同時也將啓動最折磨人的爭執。但是，如果你能夠確認隱藏在爭吵底層的眞正渴望，並且練習相關幸福技巧，不只可以療癒部分童年傷害，更能與你的伴侶打造出前所未有的親密感。

潔姬選了跟她老爸一樣的冷淡傢伙。對她來說，可以交往的男人似乎都太遜了，無法令她小鹿亂撞。如今，童年時期沒有得到滿足的渴望，在爭吵中重新引爆：「你對我視若無睹，我跟單身有什麼兩樣？我簡直是對著石頭說話。你跟我爸一樣惡劣，從來不注意我，總是拒我於千里之外。我受不了了！」她渴望被看見、被聽見、情感連結、受重視、受關懷，這些都在爭吵中顯現出來。當她學會確認並想辦法滿足自己的渴望，而不是忙著感覺好受挫、連珠砲地訓斥伴侶，就可以開始修復童年時期的痛苦，與伴侶發展出更親密的關係。

當我們的伴侶或依附對象就在身旁，可以企及且熱情回應時，我們會感覺安全、有信心又篤定。反之，當我們感到伴侶關係或自己受到威脅，就會變得焦慮，開始尋求伴侶或其他人的支持與注意。這時，在理想情況下，我們所愛的人將扮演避風港的角色，否則就可能引發爭吵。

舉例來說，潔姬與傑夫的關係對他們的朋友來說，完全是霧裡看花。上一秒還卿卿我我，眞愛恆久遠，下一刻潔姬就對著傑夫咆哮。她的反應乍看似乎令人不解，除非你知道在這份關係中，傑夫有時候會退縮，因此引發潔姬的依附警訊。一旦察覺他的疏離，潔姬立刻顯得焦慮，反應激烈。一旦感受到她的不安，傑夫就立刻落跑。潔姬愈是焦慮，傑夫愈想閃躲，最後，潔姬陷入被拋棄的原始恐慌，他則對她的憤怒陷入原始恐慌。他們將會冷靜下來，再次從對方身上尋求保證，重新建立安全依附，確認彼此仍然互相守候。但是，這必須等到他們了解，兩人可以開始處理這些引爆爭執的事件，且體驗到了解及照顧對方感受的深刻親密。

學習認識渴望

透過練習，你會像潔姬與傑夫一樣，學會滿足渴望的技巧。認識渴望的最佳方法之一，就是當它們沒有被滿足而隨著問題與爭吵爆發出來。但是，激烈爭吵的當下，往往很難深入尋找未被滿足的渴望。千萬別放棄，探索總在**爭吵**

後開始。當塵埃落定後，問問自己：**為什麼而吵**？**我的深層渴望是什麼**？**我真正想要的是什麼**？回想一下之前提到的「渴望圖表」（見p.108-110）。你想要感覺安全與穩定嗎？你想要被看見、被聽見、被肯定？想要知道自己受到重視？想要感受情感連結？想要覺得有能力？學會切中內心最根本的渴望，並提出來討論。確定你和伴侶都能夠確認彼此的渴望，就像傑夫確認他對安全感的渴望，潔姬確認自己對肯定的渴望。

爭吵後的反省

在爭吵的激動情緒中，你可能無法拉出足夠的空間與距離問自己，並且回答自己：**究竟發生什麼事**？**我渴望的是什麼**？在爭吵的熱度冷卻**之後**，再尋找自己渴望的事物，這時你的理性自我已經歸位，思考與感覺都更正確，也更清楚。使用「渴望圖表」，圈選你在爭吵中最期盼獲得的事物。好，跟你的伴侶分享結果吧。

有時，甚至連在爭吵過後都很難直接解讀爭吵的內容。碰上這種狀況時，試著回想爭吵過程，然後問自己：**我想要什麼？我想要傳達什麼？我想要讓什麼情況發生**？深入挖掘「想要」，探索潛藏內心深處的「渴望」，是一門技巧。「我想要A，那麼就可以B。」如果每次爭吵時，你都這麼問自己，就能找到更多「想要」。「我想要B，那麼就可以C。」持續抽絲剝繭，你將會挖掘出埋在諸多「想要」底層的「渴望」。

以下是一些範例：

我想要他知道自己有多蠢，那麼他就永遠不會重蹈覆轍……

──那麼我就不會再有這種可怕的感覺。

──那麼我就會覺得很棒。

──那麼我就會覺得自己好特別，有被愛的感覺。

↓這意謂著：我渴望被愛，渴望受重視。

他對我那麼惡劣，我想要懲罰他……

——那麼他就會像我一樣又氣又不悅。

——那麼他就會知道這是什麼感覺了。

——那麼他就會知道我的感受了。

——那麼他就會了解我，不會傷害我了。

↓這意謂著：我渴望被看見、被了解、被懂得、被保護。

我想要她別來煩我，別再嘮叨……

——那麼她就不會讓我的日子這麼難過。

——那麼她就不會老是看扁我、怪罪我。

——那麼她就會珍惜我，以及我所做的一切。

——那麼她就會把我當成寶，而不是一團爛泥。

——那麼我就會知道她尊重我。

——那麼她就會感謝我。

↓這意謂著：我渴望被肯定、被珍惜、被尊重。

我想要她收拾自己的東西，別再把家裡搞得像垃圾堆……

——那麼我們就可以有個乾淨的家了。

——那麼我就不會被她那些狗屎玩意兒絆倒。

——那麼我每天都能回到一個像樣的家了。

——那麼我工作了一天後，回家就成爲賞心樂事。

——那麼我就不會一進門就一肚子火。

——那麼我就不會覺得好像跟我老爸一樣，住家亂到沒天理。

——那麼一切就不會這麼混亂。

——那麼我就可以感受平靜與安全，好像亂七八糟的事情都不會發生。

↓這意謂著：我渴望安全感。

利用「那麼」測試法找出自己的渴望

寫下你在爭吵中想要得到什麼，即使這個「想要」很不負責任、很過分、讓人憤慨，或者很任性。你想要讓什麼情況發生？你期待什麼樣的結果？然後，繼續向下挖掘，套用「我想要A，那麼就可以B」模式。藉由上述範例的導引，持續增加「那麼」的條列事項，直到觸及你的內在深層渴望。若不確定是否抵達「深層」地帶，就將你挖掘到的東西與「渴望圖表」做比對，看看是否有相近之處。還是不確定？那麼，當你終於感覺「**啊，就是它了！**」內心更踏實、更平靜時，就不需要多說什麼，這代表你已經找到你的渴望了。好，跟你的伴侶分享結果吧。

經過「那麼」的演練，深層渴望將會現形，將你的眞正渴望告訴伴侶，而不是引發爭執的表面原因，同時鼓勵伴侶也這麼做。爭吵過後，盡快進行這樣的對話。每次爭吵或被惹毛之後，都照表操練，經過一段時間，你會發現自己「定位」渴望的速度愈來愈快，甚至在爭吵過程中就能達陣。一旦你可以快狠準地知道自己的渴望，就能夠明確辨認，並主動出擊。你將會直接問自己需要什麼，想要什麼，在避免一些衝突的同時，還能達到更深層的親密！

一旦確認自己的渴望，就算憂心無法得到滿足，你也比較不可能在原始恐慌的驅動下，急著加速互動，或者乾脆退縮打冷淡牌。

渴望能讓美好伴侶關係神奇到來

當我們利用爭吵探索渴望，了解並表達眞正渴望的事物，不只會感覺良好，還能變得更好。充滿愛的伴侶關係，能增強我們的自信、自我存在感。我們所釋放的訊號，對另一半的荷爾蒙濃度、心血管運行、身體律動及免疫系統，都有正面影響（Graham, 2013）。我們處理衝突時，比較不會有情緒性反應，而且更有成效。我們可以比較從容地面對關係中必然會產生的傷害，對伴侶感到不悅時，也不再像之前那麼好鬥（Gouin et al., 2010）。

當我們的渴望得到滿足時，會覺得安全、有保障，這就是賦權增能。我們的想法更有彈性，也能保持開放心態來挑戰自己的信念。諷刺的是，我們愈能與伴侶溝通、滿足我們的需求，就愈能保持獨立自主（Feeney, 2007）。我們就像孩子一樣，只要看見媽媽的身影就會覺得安心，能夠毫無顧忌的探索世界。

我們都看過擁有美好伴侶關係的人，職涯蓬勃發展、交到很棒的朋友、身心更滿足，也見識過人們在削弱彼此力量的關係中掙扎。我們在研究中發現（Wright and Wright, 2013），生活過得很精采的人，一貫接受內在深層渴望的指引。他們不會投注太多心力在沒有成效的行爲，以及對追求長期的滿足與意義沒有多大貢獻的活動上。當他們了解引發爭吵的導火線並非造成爭吵的眞正原因，而深入挖掘內心的渴望，便能走進那座隱喻式的黑森林，應用「幸福六招」的技巧。

他們使用第一招「面對渴望」，吵出幸福，並深入衝突核心，接著跨出下一步，展開人生大冒險。在「渴望」的指引下，他們過著更滿足的生活，在通往幸福的過程中，自然而然開始學習下一招：投入互動。

Chapter 5

投入互動

掌握七守則，公平吵架，好好相愛

光是「面對渴望」尚且不足，僅僅表達渴望也還不夠。你必須與伴侶**投入互動**，這是吵出幸福的第二招。你得展開行動，承擔風險，滿足你的渴望並深入爭吵核心。真愛需要全面且用心地投入互動，也就是在這份關係中奮力追求、透過爭吵滿足渴望、真誠面對、勇於承擔風險，且不怕犯錯。

所謂真愛，就是捲起袖子，深入探索這份關係。你得走進黑森林，彼此衝撞，調整路線，找到自己的道路。你的反應會變得更自然，不那麼小心翼翼，更像真正的自我，甚至是連你都未曾見過的「自我」。是啊，情況變得更混亂（我們警告過你，愛情本來就是一團混亂），而且動輒把對方惹毛，但是，這個過程更充實、更令人興奮及滿意。你們會共同學習，共同成長。這樣的爭吵可以得到報償，你會體驗到更多快樂與幸福，這就是正向心理學研究者所說的「充實／投入的人生」（engaged life）或「心流狀態」（Seligman, 2002, 116-117）。你和伴侶之間的衝突充滿活力與興奮感，這正是擁有令人滿意的關係之關鍵（Tsapelas, Aron, and Orbuch, 2009）。

只要學會有效的互動，衝突實在沒什麼大不了。你可以正面因應，走過去就對了。如果能畫一條大鳴大放的底線，問清楚自己要什麼，明確表達憤怒與怨氣，同時也保有正向心態，像是給予對方肯定與愛、帶著幽默感，這麼一來，衝突會更自然，也更容易解決。

怎樣才算投入互動

你可能覺得自己已用心投入互動，你和伴侶交談、一起做事，而且專注傾聽，或者你總是分擔較多家事。又或者，你們經常高聲而激烈地爭吵。但我們說的「互動」，不只是某種「活動」，或積極傾聽、積極爭吵。唯有當你眞正觸及、眞正理解，並面對自己的渴望，情緒上有能力察覺、有能力溝通、有能力表達，才會出現眞實的、具有開創性的互動（Wright and Wright, 2013）。

「互動」不只是態度上的主動、活躍或積極。這世界多的是像卡通影片裡蘇西娃娃那樣的人，不用大腦地喳呼閒聊，表現出一副很開心的樣子，卻逃避眞正用心投入的關係。這世界也多的是各自爲政的伴侶，從性愛到消磨美妙假期都各過各的。想要達到眞正的互動，你必須自我察覺，並探索深層渴望，包括自己與伴侶的。也就是要坦誠展現眞實、脆弱的一面。

當你用心投入互動，態度坦率而直接，在溝通之前就不會先玩操縱、算計，或使出討好的招式，或等對方心情好時再開口。你會承擔風險、犯錯，甚至出現破壞性行爲，但是你會負起責任。你會以富開創性的方式投入互動，在過程中學習並成長，覺得生活迷人又有趣，而不是因爲花太多時間玩臉書、看足球，或者追求其他瑣碎又容易上癮的事物，以致心不在焉。如果成天黏在電視前，就算兩人窩一起，也稱不上「投入互動」；分享其他強迫性的習慣或行爲，也就是「軟癮」（soft addictions）①，當然也不算。就像鮑伯盯著電腦螢幕

譯注

① 軟癮（soft addictions）：美國著名心理學家Judith Wright提出來的新名詞，指強迫性或回復性的習慣、行為、情緒，如習慣性拖延、過度看電視、頻繁查看郵件等，不同於對物質的上癮。

動也不動，茱蒂絲明知他對一切置若罔聞，仍然對他說：「房子著火了。」想要看看他對現實是否有一絲一毫的關注（Wright and Wright, 2006）。

「投入互動」不是積極主動的傾聽。事實上，**「積極主動的傾聽」是促進伴侶關係最差勁的建議之一**。眞正的互動需要「眞實」，而不是「小心翼翼」。伴侶之間彼此謹慎相待，透過「我訊息」（I messages）②溝通方式，裝模作樣地套用積極或專注傾聽的說詞，比如「我聽見你說的話了。」「你不把心裡的話說出來，我覺得很受傷，希望你能說出來。」或者「你覺得不悅是因爲我今天沒有隨手清掃。」這些對於進入爭吵核心並沒有幫助。沒錯，你應該要承擔責任，但是現實生活中的夫妻——快樂的夫妻——不會這樣說話（Gottman, 1994）。在親密關係中，這樣的表達方式無法彰顯你和伴侶眞正面臨的問題，也無法促進生活進行有意義的改變。事實上，「積極傾聽」被評爲最差勁的婚姻調停方式，研究顯示，這一招行不通（Hahlweg et al., 1998）。

譯注 ② 我訊息（I messages）溝通方式，是指表達自己的意見或感受時，包含具體事件、自己對此事件的感受，以及自己的期待三要素。

從「太亂了」到「太棒了」

眞正的親密需要你全心投入互動。一旦這麼做，你就能體驗更多，包括好的、壞的、令人讚歎的、令人抓狂的、神奇的。跟伴侶分享你自己與你的生活，你們之間會有破壞性與建設性的互動，可能會撕裂或提升你們的關係，也可能危及親密感，但最終都會成爲強化關係的力量。記住，爭吵與否定在伴侶關係中自有用途，它們能讓沒有表達出來的渴望浮出檯面，協助解決於事無補的互動模式，並化解彼此歧見。

我們會提供一些可以從破壞性爭吵與互動中得到回饋的基本規則，但首先你必須知道，重點並不是要禁止破壞性互動——這也是建立伴侶關係的一環——而是培養更多建設性互動，來超越破壞性互動。

調整你的「關係天平」

思考下列對於伴侶關係的研究結果：伴侶不會因爲吵架次數比較多，互動過程既狠又嗆，且毫不留情，就導致分手。原因出在沒有足夠的「正向」爭吵（Markman et al., 2010）。

用心投入那些可以實現自己與伴侶渴望的方法，調整你的「關係天平」，讓它朝正向傾移，這對伴侶關係的成功與滿足極爲重要，同時能讓你們挺過爭吵與低潮。有了愛和感情當背景，爭吵可以展現出非常不一樣的面貌。

「只要在伴侶關係中增加一點正向思考。」聽起來很簡單，對吧？也許這稱得上單純，但簡單可就未必了。在演化力量的推動下，我們爲了自我保護，會自動產生負面情緒，因此必須有意識的追尋正向思維，創造更多愉悅經驗，並消化吸收（Hanson, 2013）。我們愈常進行這樣的訓練，對自己與伴侶的經歷就會抱持更開放的態度。

創造性與破壞性的比例

我們需要多少創造性互動，才能抗衡破壞性互動？高特曼的研究提供了很棒的引導。以快樂夫妻來說，如有爭吵或意見不合，正向互動與負向互動的比例是五比一，鬧離婚的夫妻正向互動的比例不到一（僅〇．八），負向則爲一。有些關係非常穩固的夫妻，就算發生爭吵，正負向比例甚至達二十比一（Gottman, 2012）。

因此，在爭吵中，你每做出一次破壞性行爲，都必須有五次正向互動，來中和負向能量。也就是說，每一次尖刻的評論、負氣離去、翻白眼、輕蔑的回應、滿臉嫌惡、自命不凡地聳聳肩、牢騷轟炸，基本上，你所做的每一件狗屁倒灶的事，就需要五個正向互動才能平衡。你不必在一疊紙上登記加總，但是，我們建議你對正負向互動的抗衡得心裡有數。每次吵架時，你說：「你講到重點了。」而不是「喔，是嗎？證明給我看啊！」你自我解嘲，或表現出好奇的樣子，而不是進入防衛模式，那麼，你就是以正向思維調整關係天平。想要達到你的終極目標——幸福——則需要二十次正向互動。即使如此，你可以照樣尖酸刻薄，毒舌不打結，但是你得以更多正向互動來抵銷負向影響。

互動變化區間：從破壞性持平到建設性創造

別搞錯了，你可別試圖消滅所有的負向互動。完全正向互動是不切實際的，而負向互動過多的確可能讓你走向離婚法庭。夫妻間的互動方式有千百種，結果可能成就婚姻關係，也可能帶來毀滅；許多方式相當微妙，很難具體評估。想像拉出一條互動變化的水平線，左端是極端破壞性，右端是極富開創性與進階版互動。若把爭吵中的不滿量化，則左側的互動範圍從破壞性到中間的「中性持平」。但如果只看互動過程中轉換後的表面數據，將無助於發展親密感。（見p.146-147圖表）

左側的行為通常都是下意識、反射性的回應，並非經過深思熟慮、自我覺察的結果。某些左側的互動可能具爆炸性，殺傷力甚至達到災難級，更多卻是一般的、敷衍的、膚淺的訊息交換。內容看起來可能溫和，但互動過程卻可能藏有潛意識的惡意。

哪些事讓伴侶關係撞牆？	哪些事讓伴侶關係向前行？
不互動，錯誤互動，破壞性投入（位於互動變化區間的左側）	投入互動，滿足渴望（位於互動變化區間的右側）

右側的互動具有建設性與開創性，是自覺的、負責的，由內在深層的感覺與渴望驅動。「投入互動」這一側的連續變動，可以將你的關係比例調整至正向。你大膽走進黑森林，深入探索，展開伴侶關係大冒險。

覺悟、覺察、情緒足以承擔，以上三點是互動變化區間兩側最重要的區隔。當我們的行爲表現落在右側，我們是自覺的，因爲內心有覺悟，因此展開行動。左側的行爲則多半是例行習慣，或者下意識反應。右側的情緒經過整合，能夠滿足內在渴望，也比較能夠處在當下，願意展現脆弱的一面，並敞開心胸學習及成長。這一側需要承擔的責任也更大，這部分你將會在「七大互動守則」的章節中學到。

建設性

自我察覺（與渴望、情緒緊密相關）→ 親密互動

投入互動 → 深層互動 → 進階版互動

5 投入互動	6 深層互動	7 進階版互動
積極、主動、有意義的互動 坦誠友好、可以產生情緒連結、態度開放、不怕展現脆弱、表達愛意	**觸及雙方的渴望** 感受對方的善體人意；了解對方，也被對方了解；親密連結	**更高的目標**
隨時掌握自己的渴望 真心誠意、情緒與喜悅	**掏心掏肺** 啓動全面情感連結	**滿足雙方的渴望**
承擔責任 回應對方，幽默感	**雙方受惠**	**深入黑森林** 發現之旅，進階版的衝突
真摯，坦率，真實，確認	**發現自我與伴侶的深層內在** 更勇於冒險	**毫無保留的表達**
		周圍人事物也因美好伴侶關係而受益

互動變化區間

中性持平／破壞性

被動破壞性	錯誤互動		破壞性
不互動	勉強稱得上互動	假互動	積極破壞性
逃避 **一走了之** **拒絕溝通** 沉默以對、不作聲、自命不凡、冷冰冰、自以為高人一等 **有話不說** **搞神祕** **恍神**	**迴避衝突** **小心翼翼** 裝好人 **不破壞現狀** 如履薄冰 **軟癮** 強迫性的習慣或行為	**怪罪、羞辱與自我合理化** 戲劇三角形、抱怨、發牢騷 **不涉及個人私密的對話** 聊政治、運動、天氣、泛泛意見表達、批評時事人物 **討論日常必需品採買細節** **老調重彈** 沒有成效的爭吵	**批評** 攻擊與還擊，人格汙衊 **輕蔑** 帶有敵意的字眼、語調、手勢，翻白眼，嘲笑 **侮辱** 謾罵、諷刺、惡意的幽默、嘲弄 **開啟防衛機制**
1	2	3	4

七大互動守則

爭吵需要「互動守則」規範，否則就開戰了。我們需要相關規範，以確保全心全意投入互動的安全性。以下七大守則將指引你吵個有成效的架。它們能促進具開創性的互動，將破壞性降至最低。三十年來，我們持續探索並測試這些規範，不但應用在共同參與計畫的配偶們身上，也應用在我們自己的婚姻關係中。

我們從經驗得知，參與計畫的配偶們在處理關係中的碰撞磨擦時，比多數人得心應手，他們同時也體驗到更多親密感與滿足感。一項學員調查結果證實上述所論：配偶訓練班的離婚率是百分之四，綜合訓練班則爲百分之七至百分之九。更重要的是，配偶訓練班學員的整體滿足感及愛意表達的程度都很高。他們彼此用心投入、承擔責任，依循「互動七守則」在互動變化區間內來回舞動，並重點強化右側力量。

承擔個人責任是這些守則的中心原則。雖說在理想狀態下，最好雙方都同意並堅守這些規範，但是，就算只有其中一方遵守，伴侶關係的品質也會大不同。當然，通常其中一方的表現會比較負責。在吵架的熱頭上要做到這點並不容易，特別是當你已經有備而來，隨時準備扣下扳機。無論如何，參加我們的計畫，學習幸福技巧的配偶，到最後都能學會承擔責任，即使有時候得等到吵完架才能體會。「互動七守則」讓彼此更自由，也建立互信，最終能夠達到更美好的親密關係。

互動七守則

守則❶：強化正向互動。
守則❷：將負向互動降至最低。
守則❸：究責，對方最多只占五成。
守則❹：對這份關係的快樂與滿足，負起百分百責任。
守則❺：永遠都要說真話並接受真話。
守則❻：爭取，而非搞對立。
守則❼：善意推定。

守則❶：強化正向互動

「互動變化區間」左右側的分界線，就是趨近渴望的方向。如果位於右側，表示你處在當下，知道自己在做什麼，情緒上也有能力承擔，並以負責任的方式表達，同時探索自己的深層渴望。

藉由應用以下幾種類型的實驗，來強化關係中的正向互動：

◆**互動**：描述有意義的互動，過程中彼此友善、熱情回應、展現脆弱面。你們分享愛意及幽默感，以輕鬆的心態建立關聯。你們彼此坦誠以對，真實呈現自我。

◆**深層互動**：各自探索彼此的渴望，雙方都覺得被理解、被珍惜。大膽一點，不必有所保留。挑戰對方，從直接坦白的對話中獲益。

◆**進階版互動**：深入內心最底層，冒險走進黑森林，發掘自己與這份關係的可能性。毫無保留，暢所欲言，懷抱更高的目標，邁向進階版的衝突與突破。

想朝「互動變化區間」右側靠攏，需要一些時間與練習，但是你會建立更深刻的親密，同時也更有成就感。當你學會探索自己的渴望，大膽進行互動時，要抱持耐心與信心，因爲你與這份關係很快就會朝正確的方向行進。

進入互動變化區間：朝右側靠攏的基礎

朝互動變化區間右側靠攏，滿足自己與伴侶的渴望，可幫助你建立開創性互動的基礎，紓解破壞性互動的束縛。婚姻專家蘇・強森（Sue Johnson, 2008）指出，開創性互動有三大關鍵：**友善可親**、**回應熱烈**、**情感互動**。也就是說，態度開放、通情達理，能夠回應對方的情感交流。

你準備好進行開創性互動了嗎？

問自己下列問題，思索問題中提到的特質：

- **你和伴侶都是友善可親？**

  你們對彼此的態度友善可親，彼此都覺得受重視嗎？

- **你和伴侶都是回應熱烈的類型？**

  你們相信對方會回應自己的需求，而你可以輕易引起另一半的注意？你們彼此可以信賴對方？

- **你和伴侶能夠情感互動，產生情感連結？**

  你們彼此信賴，當對方受傷、恐懼、憤怒、喜悅時展現關懷？你們是否覺得彼此契合，情感牽絆很深？

發動「討拍」攻勢：情感連結的祕密武器

你可能以為我們要你想盡辦法讓伴侶聽命行事，或者在無聲競標會中搶標一個浪漫假期、上購物網站買情趣玩具。不是這樣的。發動「討拍」攻勢，就是要爭取注意力，並回應伴侶也想被「拍拍」的要求。我們渴望愛與被愛，被看見、被聽見、被了解；渴望受重視的表達方式往往相當迫切，研究人員稱之爲「**爭取關注**」——日常生活中，當我們分享一個想法、一種觀察、一句「我愛你」時，希望或期待伴侶能回以一串笑聲、一個擁抱，或只是一個眼神或微笑示意。回應伴侶想爭取的關注，究竟有多重要？離婚夫妻回應彼此需求的次數比例僅十分之三，婚姻幸福的夫妻則爲十分之九（Gottman and Silver, 1999）。

爭取關注：你察覺了嗎？

當伴侶開始爭取關注，你是否留意到了？你是否忽略它，迴避伴侶的需求？或者對伴侶傳達的訊息展現興趣與關心？

想像下列情境以及你的回應方式：

- 「寶貝，你瞧那兒有一家冰淇淋專賣店。」

a.「你剛才說什麼？」

b. 將車子掉頭，駛進DQ停車場，然後問你的伴侶想要什麼口味的淋醬。

- 「快看，是老鷹耶！」

a.「你去拿乾洗的衣服沒？」

b.「是喔，我沒看見，快指給我看在哪兒。」

- 「晚餐想吃什麼？」

a.「無所謂。」

b.「我真的好想吃＿＿＿。」

- 你們坐在沙發上，伴侶往你懷裡蹭，但你非常專心地看著足球轉播。

a.「幫我拿一瓶啤酒好不好？」

b. 你邊看電視邊摟著她，或者情商多一點看球時間，球賽結束後，立馬專心給她「照顧照顧」。

解答：這還用說嗎？

管控刻意強化正向互動的次數。堅強的伴侶關係必然充滿正向、集中在右側互動變化區間的互動。記住，這樣的伴侶跟其他伴侶一樣，也會吵架。

差別在於，他們之間的正向互動多於負向互動，破壞性互動也會隨著時間漸漸減少。他們通常以幽默感調整比重，不吝表達喜悅、愛意、興趣與肯定（Gottman, 1999）。

藉由記錄並掌握自己的互動模式，你比較可能朝創造性區間趨近，而不是破壞性區間。多分享內心的渴望，表達自己的感受；在互動當下，你的身心都得「在那裡」，讓自己隨時保持可以溝通的狀態，並且有所回應，產生情感連結。現在就開始吧，嘗試應用互動變化區間右側的正向方式。以真實、負責任、真誠、全心全意投入情感的態度，建立互動。

記錄自己的正向互動

應用「互動變化區間」進行自我評估，掌握從「根本不互動」到「進階版互動」的程度差異。記錄每天的進程、學到什麼、如何成長，以及伴侶關係中的所有改變。

守則❷：將負向互動降至最低

依循這條守則，你必須能夠辨識左側互動變化區間的各種破壞性行為。提高警覺，尋找下列類型的關係破壞者：被動破壞性（根本不互動）、錯誤互動、積極破壞性。

「不互動」聽起來也許中性持平，但是迴避、武裝自己、態度保留、有話不說搞神祕或動輒恍神，這些都不利於你和伴侶的關係。這些被動破壞性行為是貨眞價實的關係破壞者。

「錯誤互動」有兩種面向。其一是「勉強稱得上互動」，比如說心不在焉的對話；小心翼翼的爭執；裝好人，不眞實；或者其實是某種「軟癮」發作。另一種是**假互動**：你很積極，但是不全然自覺或察覺自己的渴望，感情也不夠投入。總是進行不涉及個人私密的對話，像是討論政治、運動、日常必需品採買、批評時事或聊八卦，它們雖是構成關係的一部分，但如果這是你們之間最普遍的對話類型，你們不但錯失親密，同時也沒有提高正向互動的比例。互相怪罪、羞辱、自我合理化、發牢騷、抱怨引起的激烈叫罵，可能刺激精力大爆發，看起來好像彼此強烈連結，但這種互動解決不了任何問題，只會帶來自憐自艾，或者順勢進入**積極破壞性**的類型，這部分我們將在稍後討論。

省省吧，別擺出高姿態：天啓四騎士

想要評估你的破壞性互動行爲，可以參考約翰．高特曼（1999）針對「最具殺傷力的互動形式」所做的研究，**天啓四騎士**——可以預測伴侶關係步入終結的溝通形式：批評、防衛、輕蔑、退縮或封閉。

批評就是責怪、攻擊伴侶的性格與人品，或者暗示你的伴侶肯定有什麼不對勁。

批評容易導致**輕蔑**，這是第二位天啓騎士，也是最神準的離婚預報。輕蔑會以嘲諷、無禮、愚弄、翻白眼、惡意的幽默或嘲笑等方式呈現，釋放出你的伴侶一無是處，甚至很卑鄙的訊息。

防衛，第三位天啓騎士，也就是當你察覺攻擊來臨時，當下開啓自我防護機制——拒絕承擔責任、找藉口、反擊，同時以其他許多方式高舉盾牌。

有很多年的時間，當鮑伯和我發生爭執時，我通常會展開防衛。我當時確定這是在捍衛自己，卻沒有體認鮑伯說出的事實，一心只想把他的話踢得遠遠的。他會對我說：「妳的防衛性好強！」對此，我則高聲、語帶諷刺的回答：「才、沒、有！」因此反而更證明了我的防衛性。

第四位天啓騎士是**退縮或封閉**，在情感或肉體上停止與對方交流。形之於外的可能是：爭論時一走了之、眼神飄忽、不交談、面無表情、自我防禦、對伴侶的訴求完全無感。男人通常會封閉自己，以防堵情緒泛濫，但這只會讓女人更火大，讓她們更是咬緊問題，窮追猛打，如此這般，造成惡性循環。

破壞性的「不互動」

軟癮，甚至「硬癮」，是伴侶之間互相迴避與不互動的一種特殊欺瞞方式（Wright, 2006）。猛滑手機，掛在網上，整天賴在電視前面，把食物塞進嘴裡，猛灌啤酒或喝雞尾酒，沉迷打電玩，不停逛臉書，工作過度，得靠酒精或藥物助性等，這些也是伴侶之間互相迴避、不互動，甚至退縮的方式。「比起我，你更愛……」的爭吵類型，是軟癮迴避法的具體呈現：「比起我，你更愛你的手機！」

守則❸：究責，對方最多只占五成

不論我們是否同意，當伴侶關係中出現任何對立，我們都難辭其咎；一個巴掌拍不響！挑起爭端的人也許是你，而回應方式適得其反，讓歧見加深的可能是你的伴侶。或者，即便你的伴侶有心解決問題，你卻動輒發怒，反應超級戲劇化。

也許你無法明確傳達自己究竟想要什麼，或者極盡能事地折磨伴侶、吵起架來無限上綱、只會碎碎念卻沒有建設性作法。也許是你的伴侶有上述行爲。不管是誰挑起爭端、是誰讓情況變得更棘手，你和伴侶同屬這份關係，不論發生什麼問題，雙方都有責任。所以，當你發現自己開始追究罪責，提醒自己，歸咎對方的比例上限是五成。

如果你覺得這很難做到，不妨看看以下的例子。我的一位學生是小學老師，他在任教的班上教導這些守則，讓三、四年級學生在爭吵時應用「五成」守則。例如，一位學生提到，她在吵架時會說：「我再也不玩這個遊戲了！」或是「我再也不跟你做朋友了。」但是，說了這些話後，她一整天都不好受。現在，面對問題時，她會承擔屬於她的五成責任，然後說：「是啦，我的確做了這些這些。」另一位同學就會說：「我知道，我也做了那些那些。」他們彼此分擔五成，解決爭端，並重新恢復友情。

遵守這條守則，爲下一條互動守則暖身。

守則❹：對這份關係的快樂與滿足，負起百分百責任

讓你快樂並不是伴侶的責任，是你自己的（當然，伴侶之間應該互相支持）。如果你希望事情有所不同，行動權在你手上。你渴望什麼？你眞正想要的是什麼？你希望擁有什麼樣的伴侶關係？你希望得到什麼樣的結果？你希望他更細心，或者多分擔一些家事——想要達到這樣的目標，你可以做些什麼？

你希望她不要花錢如流水，那麼你打算如何改變現況？順帶一提，「想要獨處」幾乎不在進階版互動變化區間。

提供一個建議：碎碎念、怪東怪西、抱怨，都無法改變現狀，讓你得到快樂。這些都是不負責任的行爲。記住，你得花好幾年才成爲今天的你，才讓一段關係得以發展。所以，期待改變立刻發生，未免太不切實際。「戰鬥」策略需要組織運作，不是靠幾次對話就能打發。進展來自於堅持與判斷輕重緩急，不是卯起來往前衝就可以看見成績。持續與伴侶分享你的渴望，百分百投入互動，承擔責任，釐清問題本質，創造更深刻的理解，好讓這份關係向前行。

守則❺：永遠都要說眞話並接受眞話

伴侶之間愈吵愈兇，很多時候是因爲雙方說出很多眞話，但是你們都不肯承認事實果眞如此。很明顯的，許多爭吵是因爲其中一方承認對方所言屬實而結束，因爲這個事實才是對方眞正在意的點——他們渴望受到肯定。

實用準則如下：只要伴侶所言屬實，你就得承認，而且得說出口。就算你氣得要命，不想讓他或她稱心如意。如果當下沒有這麼做，那麼一旦確認了就盡快承認吧。當然，吵架卻不強調自己的觀點，這也太揪心了，而且可能讓你處於劣勢。但是，還是得打開僵局，承認伴侶說法的眞實性。

有些不錯的字眼可以使用：「你說對了。」「這個觀點不錯。」「我倒沒有從這個角度想過。」「我懂你的意思。」你也可以百般不情願地承認：「去你的，就算你說得沒錯，有必要這麼咄咄逼人嗎？」「你的想法是對的，但我就是不喜歡你那種高高在上的口氣。」「該死，你是對的，但我就是不想承認，不想稱了你的意。我還是對你很火大。」

同樣的道理，錯了也得認帳。你是否足夠成熟，可以分辨伴侶所說的話哪些是對的？如果你只問事實，且樂意當吵架輸家，不只肯定伴侶所言屬實的部分，也承認伴侶的觀點或想法更優秀，你就能贏得許多善意。在這種情況下，輸了就是贏了。唯有事實，才能讓你解放束縛。

守則❻：爭取，而非搞對立

渴望是為了爭取某些事物，而不是跟那些事物對抗。伴侶的行為可能惹你生氣，甚至讓你覺得受傷，儘管挑戰很大，但是深層的渴望仍必須被確認。我們往往為了微不足道的小事，基於自我防衛心態而爭吵，或者問題愈吵愈大，完全得到反效果。我們往往走岔了，陷入「誰說了什麼」的爭執，或為了細枝末節辯論不休。這條互動守則就是要你針對「為何而吵」展開對話，而不是一味堅持己見，跟你的伴侶搞對立。你必須先確認並承認自己想要什麼、渴望什麼，毫無保留且負責任的表達清楚，同時不怕展露自己脆弱的一面。

這並不代表你的伴侶會立刻回應，雙手奉上所有你渴望的事物，然後你們從此不再爭吵。重點是在爭吵中以不同的方式互動，吵一場「有目的」的架。最糟糕的爭吵，就是充滿跳針式的嘮叨、自我防衛、碎碎念、迴避與操弄式行為。如果雙方都是為了達成某種目的而爭吵，富開創性的解決之道將會以超乎想像的方式浮現。這是化解衝突的雙贏關鍵。過程中需要更多技巧與應該承擔的責任，但是眞誠交換彼此內心的想法，能讓你們展現脆弱的一面，以更開放的態度解決爭執。

停下來問自己

你想要爭取什麼？你的答案必須是潛藏在爭執底層的渴望。探索渴望，就是找出我們想要爭取什麼的關鍵。一旦確認真正的渴望為何，你要展現責任感，向伴侶坦承自己究竟在上演哪齣內心戲。你的黑森林之旅會因此重新設定明確的方向。

控制你的抱怨

抱怨無法讓你爭取到任何事物。別把嘮叨和抱怨，跟**努力爭取**混為一談。你得承擔責任，坦率追求內心渴望的事物。如果無法確認自己想要爭取什麼，你可能會陷入報復與懲罰的惡性循環。

守則❼：善意推定

假設你的伴侶心懷善意而非惡意。這並不代表你們從來不曾有過這類有意或無意地，在情感上傷害對方的念頭。當然，就算你們全面投入互動，也可能搞些卑鄙的小動作。基於這樣的理由，不要在爭論到一半時突然「關機」，也不要口出惡言。被動攻擊型的抽身離開是非常傷人的，所以，當伴侶說出貶損的話語而你沒有時，也不要太自以爲公道。

「善意推定」是一門需要學習的技巧。養成習慣，在伴侶和兩人關係中尋找正向能量，不要老是認爲伴侶故意跟你過不去。我們總是嚴格檢視伴侶做錯了什麼，如何不珍惜我們，甚至更慘，如何想方設法搞破壞。如果這麼做，研究顯示，我們很容易忽略伴侶百分之五十的善意行爲，並且感受到那些根本就不存在的負面看法！（Gottman and Silver, 1999）

配偶研究顯示，認定對方懷有惡意者，生理會處於一種高度興奮狀態——體內凍結的戰鬥模式被啓動，因爲他們把伴侶視爲敵人，甚至是來自邪惡帝國的掠奪者，而不是朋友，也無法提供慰藉、支持與安全感。「善意推定」可以降低這種生理興奮狀態，抑制增強的警戒感，讓理解與同情有用武之地。（Gottman and Levenson, 1988）。

配偶投入互動實錄

依循互動七守則與其他注意事項，都需要持之以恆，就算第一次實戰應用時出錯，發現自己還杵在互動變化區間左側，也不必因此感到洩氣。要對自己有信心，相信「我們倆」一定有能力從互動變化區間左側移到右側，就像傑克與沙蒂那樣。

傑克之前下班回到家時，總是累癱了，有氣無力地走進屋裡，連招呼都沒打，就先進洗手間，然後把自己關在工作室裡，直到晚餐時刻才現身。另一方面，沙蒂在家經營日間托育，照顧七個孩子，這樣才能兼顧自己剛學步的小孩。每天工作結束後，沙蒂迫切想跟「大人」說話，也希望做晚餐時不必一手抱著小娃兒。於是，每天到了上下班的過渡時刻，氣氛就變得緊繃，「你總是／你從不」的爭執加劇，傑克回家的時間也愈來愈晚。

沙蒂：你永遠都沒空。我等了一整天才等到你回來，你卻一進家門就躲著我們。

傑克：妳對我從來就沒有一句稱許。妳總是不斷批評。少來煩我。

沙蒂：你從來不聽我說話！你根本不管我怎麼了！我整天跟一群兩歲小娃兒在家，每句話不超過三個字。我的大腦都快乾掉了。你在辦公室耶，你整天都跟大人在一起。

傑克：我幹嘛回家來聽這些屁話，聽妳每天晚上對我發飆？妳真的很差勁。

傑克與沙蒂承諾要讓這份關係走下去，在「你總是／你從不」的爭吵過程中，開始朝互動變化區間右側趨近。

他們立刻展開努力，確認彼此眞正渴望的事物。沙蒂了解她眞正渴望的是以女人的身分受到重視，不只是一位悉心照顧小娃兒的母親，她渴望與自己連結，與傑克連結，與外面更寬廣的世界連結。傑克經過好一番探索後，終於發現自己渴望感覺更平靜、更自在、更有安全感、伴侶關係更密切，而這就需要他擺脫白天累積的緊繃情緒，多跟沙蒂分享。

於是，他們開始投入互動，面對並處理自己的渴望，同時也變得更有責任感。他們應用互動七守則，承擔責任，而不是一味怪罪對方。他們為了滿足渴望而爭吵，爲了找出對彼此有用的改變方式而爭吵。他們開始解決問題，並承認對方說出的事實，而不是顧左右而言他，忽略對方的回應。

傑克負起責任，下班回到家後也要打起精神。他了解自己之前踏進家門時總是心情超級惡劣，卻沒有告訴沙蒂，他在工作上出了什麼狀況，爲什麼壓力會這麼大。當時，他總是帶著煩躁與怒氣回家，厭惡老闆的態度，卻以更惡劣的方式對待沙蒂。沙蒂則找到新的方法，來滿足自己與成人世界連線的需求；她努力融入更寬廣的世界，注意力不再集中於自己與照顧的小孩身上。

當他們雙雙走出「戲劇三角形」的束縛，確認各自的渴望後，也同時找到創新的解決方式。他們共同努力，測試各種選項，想要改變雙方一觸即發的現況。例如，沙蒂雇用鄰居少女來當兒子的臨時褓母，這麼一來，她在晚餐前就有一段屬於自己的時間，可以喝杯茶、上健身房、跟朋友通電話、坐在院子裡，或者讀點書。

傑克下班後就去運動，回家前先發洩工作一整天所累積的壓力。這麼一來，他就能帶著比較好的心情踏進家門，期待見到老婆與兒子，而不是動輒發飆，只要多一點要求就會讓他爆炸。他們變得更能互相關懷、互相珍惜，就算在「你總是／你從不」的爭吵過程中也不例外。晚餐之後，讓兒子跟傑克玩一會兒後，他們會輪流進行讀床邊故事之類的睡前例行活動，然後哄兒子入睡。他們開始堅持兒子要在固定時間上床，因爲他們愈來愈珍惜兩人時光，聊聊一整天做了些什麼，分享挫折與成功，享受彼此的陪伴，或者吵架，但不再出現之前互嗆「你總是／你從不」的刻薄話語。他們現在可以爭論，展現彼此的不同，然後重新和好。他們在自己都不知道的情況下，改變了這份關係的神經化學作用。

化學作用對了，活得更好，愛得更深

神經科學研究顯示，當行為朝互動變化區間右側靠攏並應用互動七守則，可以在我們體內製造神奇的化學物質，伴侶間的相處也會產生驚人的化學作用。當行為朝互動變化區間左側靠攏時，我們會感受到批評與排斥，或覺得被貶抑，而分泌較高濃度的「感覺好糟」壓力荷爾蒙。這幾乎像受到《哈利波特》裡的催狂魔攻擊，被吸光快樂與正面的情緒。這種荷爾蒙會讓大腦思考中樞「關機」，激化衝突反感，並引發自我保護行為。它會降低情感連結、同理心、創意思考的能力。你會變得更敏感，更容易有情緒性的反應，擴大解讀伴侶的消極與批評，忽略兩人關係中至少一半以上的正向互動（Glaser and Glaser, 2014）。

當你進入互動變化區間右側，神經化學作用會讓伴侶關係出現不可思議的變化。正向的評論與對話，可啓動催產素生成，活化前額葉皮質①網絡，提升信賴感，強化溝通能力。情感連結、同理心與創意思考的能力，也會同步強化

譯注 ① 前額葉皮質：負責控制人的衝動、強迫意念及各種欲望。

（Glaser and Glaser, 2014）。你全身的感覺器官充滿催產素，促進依附與情感連結；製造平靜、契合、安詳，充滿愛意的感覺；紓緩你的焦慮與壓力；更能改善你因應伴侶關係的技巧（Moberg, 2003）。但是，催產素效力的持續性卻不如代謝作用中的可體松②，這也許可以解釋爲什麼我們需要經常在互動變化區間右側製造「撞擊」（以五次正向互動來中和一次負向互動）。

只要這些化學元素在對的地方發揮作用，就能促進正向爭執。當伴侶指出我們的缺點時，我們不會急著啓動防衛機制，而是以開放與客觀的心態面對。我們也不會把全部的注意力放在自己的問題上，而是有能力扶持伴侶，協助他們面對疑難。當伴侶指出錯誤時，我們不會殘酷地反擊，而是有能力提出具建設性，甚至愛意滿滿的批判。

當你進入互動變化區間右側，表達對伴侶的關心，眞誠提出內心的想法，或者落實其他正向互動行爲，會促進體內催產素的分泌，更能展現信賴、幸福與深情的態度。當你愈來愈習慣待在互動變化區間右側，並應用互動七守則，就能生活在愛裡。

學習如何良好互動，可以讓我們的大腦分泌催產素，並非可體松。所以，

譯注 ② 可體松：是一種腎上腺皮質激素，俗稱「壓力荷爾蒙」。面對壓力時，身體會分泌可體松與之對抗，如果壓力持續下去，過多的可體松會引發血壓不穩、胃酸增加、記憶力變差等症狀，免疫系統也會受影響。

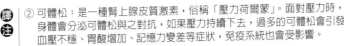

我們不是「感覺」良好，我們及伴侶關係是**真的**獲得改善，因此更能激勵我們持續自覺地投入深刻互動。經過這個階段，我們就可以踏上發現與開誠布公之旅，一邊學習，一邊分享；就算與所愛的人發生爭執，也能夠做到**自我揭露**，這就是接下來要討論的幸福技巧。

Chapter 6

自我揭露

發現潛意識信念與未竟事務的「母體」

多數伴侶認爲爭吵的「主題」就是爭吵的「原因」：「如果你把餐盤收拾好……不要花那麼多錢……不要猛講手機……願意改變……」當我們專注於表面問題，就無法領會爭吵的深層意義，也搞不清楚兩人的關係究竟怎麼了。如果你不能深入探究，特別是在發生爭執時，就無法發現那些在意識底層運作的眞正原因。如果以作家戴夫・貝瑞（1989）的潛水回憶爲例，這種情況就像看著海水表面：

當你終於看見水底世界，這才明白，原來你根本不了解什麼是海洋。一直停留在水面，就像去看馬戲團表演，卻盯著外圍的帳篷猛瞧。

舉例來說，約翰向來細心，當他需要晚歸時都會事先告知，但是，一年之中約莫有十次會忘記先打電話。有一天，瑪麗整個大抓狂，說他很大牌，連電話也不屑打。事實上，瑪麗並不知道，一些潛藏在她潛意識裡的過去，正透過爭吵浮出檯面。在瑪麗的成長過程中，父親的缺席對她造成很大的傷害。更糟糕的是，父親總是能騰出時間陪伴她哥哥，卻以工作太忙爲藉口，無法與她多相處。約翰偶爾出現的不體貼，遠比事先通知或準時回家更茲事體大。

瑪麗自以爲無關緊要的潛意識信念，在爭吵中浮現。我們將這些信念的綜合體，與其他主導情感與思想的潛意識元素，稱爲心靈**母體**。第三個幸福技巧——**自我揭露**，就是檢視爭吵的底層，找出限制性信念與其他構成母體的元素。揭露，就是發現限制性信念、既定程式運作、潛意識的動機與更深層的眞實，而在經過分享或揭露後，能讓你變得更眞誠、更可靠、更坦率。

你會發現自己與伴侶的行爲動機，以及哪些會點燃兩人的怒火，理由爲何。你深入爭吵核心，找出爲什麼他把衣服扔在地板上會讓你這麼火大、他熱愛整潔背後的眞正原因，或是你對伴侶花錢習慣感到憤怒的因素。當你對自己與伴侶有比較深入的了解後，你就會明白，潛意識中的希望與期待，如何讓你們互相吸引、如何影響你們的互動或引發爭吵。你不再單純地想要伴侶改變，以免惹自己心煩，你會學習利用伴侶關係中的煩亂，進一步了解自己與彼此。

當你突破表面，深入爭吵核心，這將是一場令人興奮的探索過程，而伴侶關係則會提供無窮的資源與素材。

哪些事讓伴侶關係撞牆？	哪些事讓伴侶關係向前行？
●明知虛假還辯解。 ●過去經驗埋下的潛意識地雷，或是把過去的關係投射在彼此身上。 ●鬼打牆似的、拐彎抹角的爭吵，卻永遠只在表面打轉。	●雙方展現更多的自我。 ●發現並分享內心深處真正的問題。 ●找出爭吵背後真正的原因。

都是母體惹的禍：現在怎麼樣，就是以前怎麼樣

這項技巧可引領你確認並了解爭吵的潛意識元素。你的潛意識比意識強大**百萬倍**以上（Norretranders, 1998）。掌管大腦意識的前額葉皮質，每秒處理四十次神經衝動，百分之九十的大腦潛意識處理的神經衝動，則是每秒**四千萬次**（Lipton, 2013）。

我們在伴侶關係初期，通常會經歷**蜜月效應**（Lipton, 2013），這時我們比較可能專注於當下，將所有心力都聚焦在愛人身上，並因此感受到無比興奮與滿足。接著就是過日子，每天面對柴米油鹽的現實，這時就由潛意識接手主導，我們過去沒有完成的夢想、沒有達成的目標、下意識的心靈運作，漸漸浮出檯面，而且往往夾帶強烈的情緒，因此經常引發爭吵。

麥可有一位不理性的父親，因此從小生活在恐懼的陰影中，無力反抗。

現在，他和莎莉結婚了，莎莉是個堅強的女人，有時候對麥可的態度很強

勢。每當她展現強烈意志，半點不退讓時，麥可就受不了了。他的「怪罪遊戲」開打，指責莎莉過於自我中心，「讓他很火大。」

乍看之下，麥可似乎是爲了目前婚姻中某個特定問題而開啓爭端，其實，導火線卻是莎莉的強勢態度，因爲這讓他想起父親，以及自己從來無法起身與之對抗。所以，麥可挾著過去累積的能量，衝著莎莉而爆發今日的怒火。他們倆都沒有意識到眞正的問題所在。

母體的形成

當然，過去經驗對目前伴侶關係的影響，比上述案例複雜多了。嬰兒時期，我們透過與父母的互動來建構大腦網絡，以創立母體的神經通道。母體是潛意識信念、情感、行爲模式等綜合體的發展基地，在母體的滋養下，我們形成自我存在感、對自己的特定信念、解讀外界對我們的期待，以及我們可以對外在環境有什麼期待。在生命的頭七年，基本上你都在下載應用程式，如果沒有自我察覺的能力，來改變主導潛意識綜合體中的各種信念，你的人生就會持續受到當時下載程式的控制。回到上述案例，當莎莉展現強勢態度，麥可就會爆發，預期莎莉會像他父親一樣不理性又頑固。事實上，他爭吵的對象是埋在自身母體裡的關於父親的回憶，並不是莎莉。

母體滋養各種潛意識信念，扭曲我們的想法、情感、觀點與行動，以及我們在伴侶關係中的選擇。它控制我們如何與對方互動；面對親密感時，有多麼自在或不自在；當心愛的對象無法親近時，會有多強烈的反應。它決定我們情緒發展的方向，以及引發爭吵的原因，這些全部來自我們的早期經驗（Wright and Wright, 2013）。

雖然你無法改變過去，但關於「現在」，能做的事卻很多。沒有人的童年是完美的。做爲一個成年人，你有責任在伴侶關係中學習找出自己的心靈缺口，想辦法填補，重新延續童年時期停止的內在發展。

從以前持續到現在的內隱記憶

早期形成的母體，像程式編碼一樣寫入我們的神經電路系統，幾乎全部與內隱記憶同步運作，超越了意識的覺察。內隱記憶是儲存起來的感覺和情感，與特定的外顯事件或外顯情感並無關聯。早期記憶在我們有語言能力、邏輯思考或外顯回憶之前，就已經形成（Siegel, 2012）。你可能不記得發生過的確實事件，比如你的父母什麼時候將你從嬰兒床抱起、當你號哭時給予撫慰、多久幫你換一次尿布、你穿什麼衣服、母親身上的味道、臥室的顏色，或者父親爲你唱了哪一首安眠曲。我們一直到兩歲半左右，才開始發展外顯記憶，能夠記住特定事件與細節。

這些爲什麼重要？因爲內隱記憶雖然來自過去，儲存在我們無從知曉的意識之外，卻戴著假面具在「此時此刻」浮現，讓我們以爲這是當下發生的全新經歷。母體就在這座內隱的基地中，形塑我們此刻的體驗。當我們感到憤怒、驚慌，或者深深受傷，當下的感覺通常來自於內隱記憶，我們卻認爲是目前的情況引發各種情緒反應。

當強烈的內隱記憶被啟動時，連我們自己都不知道的童年痛苦與恐懼來勢洶洶，浮出檯面。舉例來說，當你感受到伴侶無法在你需要時給予扶持，這種情況就可能發生，而你根本不知道自己透過內隱記憶，觸動了位於母體的痛苦區。你以爲激烈的情緒反應都是因爲伴侶遲鈍無感，雖然這是個引爆點，但大部分的導火線都來自過去。

如果得不到鮑伯的注意，我會很受傷、很憤怒。在我看來，他似乎故意忽略我，如果以一（小事一椿，我不在意）到十（超級激動，非常火大）爲反應激烈程度來評分，我的激烈度是八。現在，我知道如何應用相關技巧，深入探索眞正讓我發火的原因，我明白這八分裡，約有六分來自我的過去，兩分來自當下與鮑伯的互動。有一部分的我強烈感到憂愁、受傷、憤怒與無力，那是來自過去的「影子小孩」，這個「我」在很多時候都覺得像隱形人一樣，卻無力做出改變。

自我揭露時，必須先學習確認情緒反應的過去來源，它們的影響力之大，當前事件根本沒得比。當我們意識到這個事實，才能了解自己究竟是怎麼回事，爲了表面理由而吵架有多愚蠢，以及還有哪些未竟事務需要處理。

為你的導火線評分

選一件伴侶關係中讓你感到非常困擾的事，真的很惹你討厭，甚至讓你憎惡伴侶。比較目前情況的導火線，與發生在原生家庭或童年時期的過去事件之相似程度，評分標準從一到十：

一：我從未有過任何類似經驗，連邊都沾不上（幾近百分百否定）。

十：感覺真的很熟悉，所以，我知道導火線並不是我的伴侶。我的過去影響我的反應。我現在是把母親（父親）的形象投射在伴侶身上，其實我會有這樣的反應，跟他沒有太大關係，甚至完全無關。

確認你對自己與外界的核心信念

三十年前的往事，居然是造成你和伴侶大吵的主因，你可能會覺得這太讓人坐立不安了。然而，主導我們行爲的限制性信念與可能性信念，大不相同。你對事物的理解有所設限，往往來自於根深柢固的錯誤認知，而非事實，但這種情況可以透過學習來扭轉。稍後，我們將會解釋如何進行修復，但首先你必須先建立情感、態度與潛意識信念之間的連結。

一旦了解自己在小時候是如何被影響、被形塑，就能清楚看出我們如何建立對自己與外在世界的限制性信念。並非只有狀況百出的失能家庭或惡質教養，才會造成這種結果。這是成長過程的自然狀態。在生命早期，我們沒有語言或邏輯能力來理解各種經驗。舉例來說，當我們還在襁褓中，母親心事重重，承受許多壓力，當她餵食或照顧我們時，心情總是煩亂的，於是我們的情感和知覺，便與這個體驗混合，重新編碼，成爲我們對自己與外在世界的信念。當時我們沒有邏輯能力或理性去解釋：「喔，媽媽只是累了。真的，她是愛我的。」或者「爸爸是因爲工作壓力感到煩躁，不是針對我。」我們未經篩檢，全盤吸收這些體驗。

你不只受限於家族的「程式設計」，社會文化對我們也有這樣的影響力。爲了喚醒伴侶關係中可能的親密與成就感之所有潛力，你必須打破家庭與社會的魔咒，掙脫對伴侶關係、情緒、可能性與合宜行爲的信念。你可能根本無法確認其中許多想法、感覺及行動的存在，以爲它們只是日常生活點滴，忽略了被攪動而漸漸浮出檯面的內隱記憶。無論如何，下表列出一些感覺、想法、態度，以及與之呼應，潛藏在底層的限制性信念。

限制性信念

我覺得／我想／我裝出……的樣子	潛意識中錯誤的核心信念可能是……
●沒有安全感。 ●不如別人。 ●高人一等（過度補償自卑的感覺）。 ●不管做到什麼程度，總之就是做得不夠。 ●伴侶關係是脆弱的。 ●我沒辦法處理。 ●害怕承擔風險。 ●試著證明自己，證明自己沒問題。	●我不滿足。 ●我不夠好。 ●我有問題。

●退縮。 ●淡化我的措詞。 ●如果我露出真面目，伴侶無法應付我。	●我太過火了。
●認為你必須表現出特定的樣子，才會被愛，如完美、打扮得漂漂亮亮、有錢、成功、個性好、聰明……	●我必須贏得喜愛。 ●我不夠可愛（對真正的我而言）。
●不能倚靠對方。 ●不要求助。 ●求助就遜掉了。 ●凡事都得靠自己。	●我孤伶伶一個人。
●我不能要求要如何如何。 ●就算受到不公平待遇也認了。 ●為別人而犧牲自己的需求。 ●從不勇敢表達意見。	●我配不上別人。 ●我無關緊要。
●我必須一直保持快樂的狀態。 ●生氣很不好，要掩飾或壓抑。 ●悲傷不外露。	●我的感覺很要不得，或者根本是錯的。

● 身心疲乏。	● 我是別人的負擔。
● 我沒有足夠的精力、時間或金錢。 ● 彼此愛得不夠深，不夠多。	● 我的生活條件很匱乏，沒有足夠的資源。
● 我必須「多給少拿」。 ● 不能指望別人。	● 這世上沒有人支持我。 ● 這世上不會出現對我有利的事。
● 別人對我有惡意。 ● 總是小心注意周圍是否存在各種威脅。 ● 防衛心很強。 ● 總是做最壞的打算。	● 全世界都跟我過不去。 ● 這是個充滿敵意的世界。
● 害怕承擔風險。	● 這是個危險的世界。

在爭吵中確認自己的限制性信念

檢視這份圖表，你有哪些特質、想法、感覺與行為？它們代表什麼樣的錯誤信念？比對哪些與你的情況接近，哪些在你的爭吵中浮出檯面。

挑選一個完美的自目鬼

不，我們不是看輕你挑選伴侶的本事。我們是要你看見伴侶的完美之處，特別是他非常自目地戳中你的未竟事務。哈維爾・漢卓克斯（Harville Hendrix, 2007）主張我們的潛意識心靈超時工作，奮力選出一個可以跟我們互補的對象，一個可以為母體帶來刺激的人。你的母體包括了驅動你對伴侶愛之入骨或勢不兩立的潛意識能量，同時也包括依附基模、限制性信念與內隱記憶。

你先天傾向選擇最可能觸發你對自己與外界之錯誤信念的對象，讓你戳自己情緒的舊傷口，甚至朝上頭撒鹽。它們會把你還沒有整合或還沒有發現的面向，拉到檯面上。

你不是命中注定跟童話般的王子或公主相愛，而是注定跟超會吵架的伴侶過一生。不過，這可不是什麼因果業報的玩笑。如果你想要擁有完整而豐富的人生，必定需要這樣的伴侶。建立伴侶關係的潛意識目的，就是要完成或繼續我們的內在發展，促使我們學習、成長，甚至自我進化。記住，吸引力非關兩個人之間的化學作用。除非對方符合你潛意識對「愛情」形塑的樣板——「感覺起來」什麼是好的，什麼是糟糕的——否則你不會被吸引，或「墜入情網」。

關於進入一段關係，我們都能在自覺的情況下說出明確的理由：我們戀愛了；我們想跟一個特別的人分享人生；我們無法想像沒有他或她的日子。但是，進入一段關係的同時，也有潛意識的目的：滿足未竟事務，完成內在尚未發展成熟的部分，有能力追求更眞實的自我。爭吵往往是因爲未竟事務浮出檯面而爆發。這種現象自有其功能：它幫助你意識到自己必須面對什麼、了解什麼、分享什麼，幫助你學習及成長，讓生命更完整。

對伴侶的移情與投射

我們在關係初期，總是會自覺也不自覺地對伴侶投射正向、令人夢寐以求的特質：**他會愛我真實的樣子。她會接受我並尊重我。他會帶給我前所未有的安全感。她會讓我覺得活力充沛又與眾不同。我一直想要擁有像他家那樣的親**

族關係。我們之所以做出正向投射，是因爲期待「那個人」能夠爲我們帶來穩定踏實的感覺、自我接受、生氣與活力，甚至成功。

但是，總有什麼會打破這份投射。一旦我們發現伴侶不是符合心中理想的「那個人」，衝突就發生了，潛意識元素開始浮現，來自母體的內隱記憶冒出頭，於是我們開始將負向特質投射在伴侶身上。原本如此美好、體貼的人，搖身一變爲不在乎別人、傲慢、沒有同理心、嫌東嫌西，或者殘酷的人，而這些特質來自我們對過去某個重要人物的內隱記憶。

這種現象通常發生在「你變了」類型的爭吵。只要是人都會變，自己內在投射的變化更是沒一刻消停。每一段關係都會出現投射與移情作用，這是佛洛伊德學派與行爲心理學用語，也就是潛意識對情緒與感受的重新定向，從童年時期導向某種影響目前關係的情感。我們一位學員將催化爭吵的憤怒與投射作用之間的關係，說得很清楚：

當我知道投射作用這回事後，有段時間我的整個世界觀與看待事物的角度，都改變了。我逐漸明白，其實一切癥結都在我身上，而不是其他人。

> 不管是我丈夫或任何人，那些把我惹得超級火大，讓我心生厭惡、怨懟，甚至仰慕的對象，都只是自我投射的一部分。經過這番體悟，我對待他們的方式不一樣了，同時也第一次開始了解自己（Wright, 2008）。

學習收回投射，是促進親密感、解決爭端的關鍵。你不可能跟自己不了解或視若無睹的人產生親密感，但當你以過去的經歷掩蓋眞實感受時，就會產生這樣的結果。在建立親密感的同時，需要認識自己，也就是確認自己如何以來自過去的強大能量爲基礎，建構了現實。

茱蒂絲——

當我明白自己讓鮑伯爲他不曾犯下的過錯付出多少代價時，眞的好後悔。我了解自己把過去生命中一些人的作爲投射在他身上，並因此懲罰他。我以過去的基模來解讀他的言行，往往先給他抹一身負面塗料，把根本不相關的負面動機歸咎到他身上，「聽」出某種壓根不存在的說話口氣。一旦我開始收回這些個人投射，理解引發情緒的眞正原因，就可以追根究柢，而不是投射到鮑伯身上。如今，我更加意識到自己的投射作用；當我的指控與反應太過頭時，也會有所警覺；我更能清楚地看見問題的原貌。更重要的是，我的思緒更清楚、腦袋更清醒，可以更正確地看出鮑伯眞正的樣子，比以前更全心全意地珍惜他、愛他。

收回投射：找出來自過去的引爆器

當你對伴侶提出強烈指責或出現強烈反應時，利用下列問題找到來自過去的投射或移情。

- ◆對我來說，這有什麼意義？
- ◆為什麼這會讓我這麼困擾？
- ◆是什麼讓我覺得似曾相識？
- ◆這一切讓我想起什麼人？
- ◆哪一種錯誤信念被引爆？

與你的伴侶分享這個練習的結果。

互補法則與潛意識合約

互補法則——選擇可以提供我們性格中無法自我滿足部分的伴侶——是受到潛意識投射驅動的，從下列案例可以看出端倪。我們在不自覺的情況下，與「那個人」簽訂合約，讓他們在我們生命中扮演特定的互補角色。

喬伊第一次見到菲亞時，就爲她生動、天馬行空的說話風格給吸引。她如此富有創造力，如此活潑，與喬伊的法學院朋友及僵化成長過程中的舊識完全不同。菲亞深愛喬伊，深深爲他的堅定與理性所吸引；只要跟他在一起，菲亞就覺得很有安全感。

菲亞來自一個不苟言笑，相當嚴厲的家庭，在五個孩子中排行老三，大家都說她太輕浮、太敏感、太情緒化、太戲劇化。喬伊是長子，底下有個弟弟，父母的關係劍拔弩張，母親把他當成心頭肉、家族之光。

以喬伊實事求是的性格來說，菲亞是他的情緒互補；就菲亞澎湃的情緒來說，喬伊是她的理性互補。這是典型互補法則的關係。他們初次相遇時就簽下了潛意識草約：菲亞爲喬伊帶來活潑生氣，喬伊則提供菲亞穩定感。隨著時間過去，喬伊覺得菲亞很煩人，菲亞認爲喬伊漠然的天性不僅無聊，更限制了他們的人生。彷彿就在一夜之間，他們開始互相討厭。各自憎惡著之前熱愛對方的特質，全都在「我受不了你……」類型的爭吵中爆發。

喬伊對菲亞滿腦子的奇思異想感到厭惡，在她活力四射時翻白眼，認定她太瘋狂，喬伊會氣到大喊：「夠了。閉嘴！我不能忍受妳沒完沒了的瞎扯！」

菲亞則回答：「喔，這樣啊，我才不能忍受你對任何事情都沒有熱情。你眞是一灘死水！簡直跟史巴克①一起過日子沒兩樣。我看，除非火燒屁股，否則你不會知道什麼叫做『感覺』。」

最初讓喬伊與菲亞在一起的理由，最終將成爲讓他們對立的原因。除非他們自覺地學習調整「草約」，透過學習及成長，漸漸具備對方期待的特質，才

譯注
① 史巴克：影集《星艦迷航記》、電影《星際爭霸戰》的主角之一，他是企業號太空船的科學官與大副，人類與瓦肯星人混血，行事講求邏輯，不輕易讓感情妨礙判斷。

能克服互補法則的影響力。

自我揭露就是探索互補法則，了解對方帶進這份關係的各種未竟事務。對菲亞來說，自我接納是一堂關鍵的學習課程。菲亞認爲她在喬伊身上找到的是「接納」，接納她情緒的敏感程度，以及生動富創造力的表達方式。然而，喬伊最終也因爲這些特質而排斥她，心生厭煩。在自我揭露的過程中，菲亞在「自我接受」這方面取得更大的進展。另一方面，喬伊則需要學習更自然的互動，他了解在成長過程中，他弟弟奔放的生活態度實在比他的有趣多了，菲亞象徵他內在必須釋放的那股生命力，唯有如此，他才能繼續成長、茁壯。

幸好，喬伊與菲亞應用「幸福六招」進行自我揭露，發現互補法則如何在他們的「潛合約」中失去效力，並向對方展現內心的未竟事務。他們不再仰賴對方來塡補自己的欠缺，而是開始滿足自己的需求。

喬伊看見自己過度強調智識與控制欲的問題，也承認自己太過緊繃，每件事都想做到完美，想要永遠都是家裡的那個乖寶寶，終於把自己搞得死氣沉沉，把別人搞得筋疲力盡。他揭露了自己其實很嫉妒菲亞的自由，怨恨她比自己更懂得找樂子。他渴望感受那種自由，凡事只求盡興，而不只是盡責。

菲亞承認，有時候自己的確搞怪過頭，純粹是為了激怒喬伊。她分享童年時期的傷害與憤怒，覺得自己必須「演出」以引起他人注意，哪怕是批評，也聊勝於無。她一直想讓過於嚴肅的家人放輕鬆一點，卻被痛斥為「輕浮」。她的家人愈是對此表現出不安或冷漠的樣子，她的被拋棄感與不安全感就更嚴重，因此更加沉溺在奇思異想裡，並且對家人只想控制卻吝於鼓勵的態度感到憤恨，而這正是喬伊現在的作法。

了解並分享這些深刻的體悟，讓他們彼此更親近。他們開始了解自己與對方，也學習新的思考方式，變得更有同理心，更加熱切希望改變彼此的相處模式。他們敞開心胸，互相揭露。

發現你的「潛合約」

極盡可能從過去與現在的關係中，找出你的潛意識合約。誰扮演什麼樣的角色？你在什麼狀況下醒悟？你希望伴侶能夠帶給你什麼？當你們在一起時，那些沒說出口的「潛合約」是什麼？舉例來說，他是否被認為穩重堅強，而你負責活蹦亂跳？或者她能力很強，你玩心很重？

想想你所認識的其他伴侶，也許有所幫助。比起自己面臨的問題，他們的行為模式、「潛合約」，甚至「口頭規則」，可能更容易看清楚。

排斥親近的基模

與伴侶親近時，你感覺自在嗎？或者親密感令你坐立不安？

你的答案提供了探索自己「依附基模」的線索，也就是影響伴侶關係的潛意識內隱程式設計（Bowlby, 1969）。如果你了解自己與伴侶的依附模式，就能以有效的方式解決彼此的衝突。知道伴侶的依附類型，有助於提高理解與同理心，特別是當你了解伴侶並非有意傷害或忽略你。有了這層認識，當你被惹怒時，比較容易放鬆。你會想，**他只是對我的愛沒有安全感**。**這並不代表我不夠愛他**。你的伴侶正在啓動潛意識的依附模式（對了，這也是你一開始受到吸引的特質）。依附基模代表追求個人改變與成功伴侶關係的過程中，都有未完成的發展需要因應。

潛伏在所有依附類型底層的，是對情感連結與安全感的渴望，但因應這些渴望的方法各有不同，其主要倚靠我們的早期經驗，以及透過這些經驗所建立「基模」。

你傾向逃避親近嗎？

如果你傾向逃避與伴侶太過親近，表示你在成長初期沒有得到最好的情感連結與依附。當時你可能受到忽略、被懲罰，或者在表達需要、流露脆弱時，沒有得到認可。你也可能處在一個令人窒息、糾纏不清的關係中。不論是哪一種狀況，建立情感連結都是痛苦的、不成功的經驗，導致你現在以逃避親近的方式來閃躲痛苦，因爲親近讓你太不自在或太煩憂。

如果你排斥與他人親近，是因爲你認爲這樣黏太緊，或沒這個必要、你靠自己就夠了，那麼，很可能你根本就不會讀這本書，因爲你並沒有對目前的伴侶關係感到不安，你認爲問題都出在對方身上。你總是認爲自己應該得到愛，卻不相信對方願意給，或者有能力給。

不論避免與他人親近是出於恐懼或排斥，你都是以**解除**依附系統的方式來避免痛苦。

從微妙的外在行爲可以看出一些端倪，例如，想要自己的「空間」，跟伴侶走在人行道上時總是超前一大步，不想被「控制」，優柔寡斷，喜歡獨來獨往，無法開口說「我愛你」，無法分享情緒與脆弱的一面，性愛時心裡幻想著別人以「拉開」距離（Levine and Heller, 2010）。也有可能因爲自我投射之故，你認爲彼此之間的距離是伴侶造成的。

你是否渴望親近卻不信任對方會在身旁，或是你害怕被拒絕？

你渴望情感上的連結，但是在建立相關模式的童年時期，你的照顧者無法提供持續穩定的關愛，也無法恰如其分地與你互動、回應你的需求。成年之後，你會擔心伴侶是否能夠常相左右、全力相挺，是否善解人意，是否能夠熱情回應。當伴侶退縮時，你也可能因此焦慮不安，感覺受傷或憤怒。

你對於「被愛」及是否討人喜愛，沒有安全感。你的依附系統**過度活躍**，試圖引起伴侶注意與憐愛的手段往往有些偏激，如果她或他沒有反應，就會大暴走，心生怨懟（Shaver and Mikulincer, 2002）。表現出來的行爲包括：發牢騷、苦苦哀求、奪命連環簡訊、性感或挑逗的行爲。如果是你的伴侶有這種傾向，形諸於外可能是玩心機、期待你有讀心術或猜出這是怎麼回事、吵架，甚至出現懲罰性的嚴苛行爲。

戰鬥型依附模式

前面提到的兩種模式——避免情感連結、瘋狂爭取伴侶的保證與關愛，可能導致看似無法和解的爭吵，陷入一方迴避、一方窮追猛打地要求情感連結的惡性循環，引發更多迴避與更多窮追猛打。深入追究衝突的底層，你可以看見糾纏與迴避行爲背後的眞正原因，並利用這些訊息讓自己成長。

你們各自的依附基模為何？

哪一種依附基模看起來最像你的？伴侶的呢？你是迴避、糾纏型，或介於兩者之間？跟伴侶討論這些情況在關係中與爭吵中隱含的意義。

譯注

②習得安全型依附（earned secure attachment）：有些人在童年時期未受到父母的適當養育，擁有負向依附經驗，卻呈現安全型依附行為，在心理學上稱為「習得安全型依附」；安全型的人對親密關係感覺自在，相對願意參加社交活動。

幸運的是，不論兒時經歷過哪一種依附類型，只要學會「幸福六招」，就能建立逐步強化的安全依附，發展出學者們所說的「習得安全型依附」②（Siegel, 2012a），對於與他人親近這件事，會漸漸感到自在，同時學習信任伴侶會常相左右，全力相挺。

依附破壞：情緒大暴走！

不論你是哪一種依附類型，失去依附的威脅，也就是「依附破壞」（關係中的裂縫），通常會引發強烈的、情緒性的爭吵。對鮑伯來說，當茱蒂絲退縮時，「破壞」隨之產生。對茱蒂絲來說，鮑伯忽略她的存在就會造成「破壞」。所有因為「依附破壞」而讓我們陷入心煩意亂的狀態，稱之為「杏仁核③劫持」。你的杏仁核「綁架」了你的思考能力（Goleman, 2006），啟動了「預設行為」，即經過「程式化設計」，內建於母體中的個人早期依附經驗。你整個大暴走，會影響前額葉皮質，使其失去清楚推理的能力（Siegel, 2010,22）。你

譯注 ③ 杏仁核：位於大腦底部，主要掌管焦慮、急躁、驚嚇及恐懼等負面情緒，又稱「情緒中樞」或「恐懼中樞」。

可能出現迴避、窮追猛打希望被注意、動彈不得、逃走或抓狂等反應。

杏仁核的功能很重要，但是它一觸即發的反應往往失之草率，會扭曲我們看待事物的方法，讓我們失去理性的觀點（Siegel, 2010）。當察覺威脅出現時，位於邊緣系統④內的杏仁核，甚至比額葉或新皮質⑤更快做出反應。杏仁核在瞬間釋放腎上腺素與可體松，對身體發出戰鬥、逃跑或動彈不得的訊號。這些釋放出的化學物質進入大腦，會降低記憶能力，停止複雜思考的運作。邊緣系統不希望我們花時間多想，只想要我們戰鬥、逃跑或動彈不得！生存機制讓我們在大腦有時間深思熟慮之前，先做出反應再說（Siegel, 2010）。伴侶關係中的「破壞」，往往以這種形式連環引爆。當鮑伯忽略茱蒂絲，她覺得受傷，便開始退縮，而她的退縮則讓鮑伯更火大。

確認問題，才能解決問題

面臨上述情況時，退一步對自己說，**我怎麼了？為什麼反應這麼激烈（生氣、憤怒、失控、動彈不得、麻木、死不回應或反應過度）？啊，對了，我處於「杏仁核劫持」狀態**。如果你可以有這樣的自覺，並學習如何以不同方式因

譯注
④ 邊緣系統：屬於功能系統，並非具體構造，系統中包括海馬體與杏仁體，支援情緒、短期記憶等功能運作。
⑤ 新皮質：大腦皮質的一部分，涉及感觀知覺、空間推理、理性思考等高階功能。

應，就能夠自我揭露，最終解放自己，脫離這個反應循環。你賦予自己選擇的權利，展現不同以往且更合宜的行為。不要懷疑，你可以做到，連小學三年級生都有本事辨認「劫持」狀態，避免衝突。

隱匿在虛假自我背後的未竟事務

自我揭露將爲自我發現奠定強大的基礎。當你一層層拆解爭吵，會看見來自早期，長久以來建立的行爲模式與習得的經驗。接著，你可以開始探索自己的潛意識及未竟事務。

我們都有未竟事務，如存在於母體的限制性信念、依附基模、內隱記憶、投射與移情等，它們往往會引發爭吵或迴避。我們之所以爭吵，顯示出內在想要說清楚、想要理解、想要接受、想要爲未竟事務劃下句點的需求。這當然意謂著必須從我們所迴避，甚至沒有辨認出來的事物中學習教訓。

我們的未竟事務通常以佛洛伊德所說的「自我理想」爲防護罩，深藏其下，也有人把「自我理想」稱爲「虛假自我」（Winnicott, 1965），也就是我們展現給外界，希望外界認可的自我。我們經由教導而認定僅有特定部分的自我是可被接受的，於是只對外展現這些部分。

我們與其他部分劃清界線，認爲這些部分的自我很糟糕，或者不討人喜歡，我們將它們藏起來，不讓別人看見，甚至連自己也不看。我們隱匿了自己讓人不開心的面向：對人事物的苛求、各種情緒、痛苦，甚至是歡愉。我們對外所展現的，都只是存在「虛假自我」中，可以被外界接受的形象。與我們親近的人，例如我們的伴侶，可能會看見或召喚出那些不符合「自我理想」的元素。

當我們承認並與之前劃清界線的自我重新連結，就可以著手解決內心深處的未竟事務。「虛假自我」的形象往往透過「你跟你媽／你爸一個樣」的爭吵類型展現（你可以自行選擇比較對象是父親、姊妹、祖父或兄弟）。一旦這些自我面向被他人點破，我們爲了保護自己，通常會這麼說：「才不一樣呢！」事實上，我們就是那樣，儘管伴侶看得分明，我們卻否認自己性格與家族成員的相似程度。我們必須承認並整合自我的各種面向，特別是那些隱藏在「虛假自我」陰影裡的部分，唯有如此才能成就完整個體，並持續改善，成爲我們能力所及的最好自我，擁有健全的伴侶關係。

鮑伯的母親對他的批評包括「你跟你爸一個樣」，或是「叔叔」、「祖父」。因爲這些特質似乎令人無法接受，因此鮑伯一直試圖壓抑，後來，他花了好幾年的時間才與它們重新連結，並進一步整合。

否定任何部分的自我，就算是最沒有吸引力、最不討喜的部分，都會妨礙我們體驗最美好的親密感。許多人都活在被他人看穿的恐懼中，生怕被人認爲不夠格、沒本事。「他說他愛我，但是，如果他知道我是這樣的，絕對不會愛我，也不會想要我了。」當這種恐懼到達一定程度，我們就會試圖隱藏這些部分的自我，並因爲不想被發現而爭吵。

當伴侶指責你太挑剔、冷漠、刻薄，或是任何你所否認的個人特質時，一旦你想要爲自己辯護，爭吵很快就會加劇。結果就是：停留在表面程度的爭吵，或迴避問題。我們的爭吵變得不負責任，或只是手忙腳亂的企圖保護「虛假自我」，而採取的對策通常是責怪伴侶。

想想伴侶曾經對你做過的，讓你眞的很火大，或者很受傷的指控。你的強烈反應很可能是因爲這些指控點出了某些你覺得自己很糟糕的部分。這是探索「虛假自我」的線索。

茱蒂絲——

如果鮑伯說我很刻薄，我會變得非常自我防衛，與其針對問題討論，我會列舉一連串理由來辯解，並往往藉此展開反擊。對我來說，做人刻薄是很可惡的。「我是好人，怎麼可能刻薄？」刻薄意謂著我不討人喜歡，甚至不是好人。我希望鮑伯及所有人都覺得我「人很好」，善良、體貼、有同理心、主動關懷又善解人意。多虧了自我揭露的練習，我明白自己不需要一直「當好人」；我可以大方的、誠實的展現自己被惹毛了，就是刻薄的人，然後接受這個事實，而不是一味否認、辯解：「噢，我不是故意的。」或者扯一堆牽強的理由。

我持續應用下個步驟，展現更多眞實面目，從粗魯的批評到擺明了發脾氣。奇怪的是，因爲「眼見爲眞」，我變得愈來愈讓人信賴了。我不會心裡一把火悶燒，表面卻裝得溫和甜美；我更爲表裡一致，更眞實了。我同時覺得更常受到關注，甚至更受寵愛。鮑伯喜歡這樣的「壞壞茱蒂絲」（不是喔，不是你們想的那種）。我不隱忍自己的看法，表達強烈意見，有啥說啥，直言不諱，完全合乎我以前對鮑伯的批評！現在，如果他說我是個差勁的女人，我就說：「謝謝你，爲了當差勁女人，我很拚喔。」

辨識：你在隱藏什麼，保護什麼？

停止保護你的「虛假自我」，學著找出被你隱藏起來的自我面向。

◆首先為下列五種原始情緒排序，從你覺得最能夠接受的，到最無法接受的：**歡樂**、**悲傷**、**憤怒**、**受傷**、**恐懼**

想找到「虛假自我」究竟掩蓋了什麼，「最無法接受」的情緒是不錯的切入點，也就是尋找所謂「被否定的自我」或「陰影自我」。

◆想想那些你隱藏起來，或者企圖極小化的人格特質，是否出現在以下列舉之中：**挑剔**、**愛嚼舌根**、**敏感**、**堅強**、**懦弱**、**情緒化**、**擔心焦慮**、**傷人**。

你之所以隱藏、極小化或否定這些人格特質，是因為你覺得它們不好，如果你出現這些行為，那麼連你這個人也不好。若想要與伴侶建立親密感，我們必須盡可能承認那些被否定的自我。就像要求朋友回饋，也是一樣的道理。

勇往直前：赤裸相見，盡情展露自我，讓交流更美好

把自己脫光吧！聽起來像是促進親密感的好建議，不管上了床、下了床都管用。記住，自我揭露就是要挖掘內心的未竟事務，作法包括袒露靈魂、剝光情緒上的掩飾、展現更多的自我本色。當爭吵使得你的情感、童年回憶的觸發器、深藏內心的未竟事務，紛紛騷動起來時，與伴侶分享吧。

卸下你的防衛，展現脆弱的一面，把自己分享出去。沒錯，全部的你。分享混亂、煩躁、令人難為情的部分；分享那些溫柔的感覺、連自己都沒察覺的憤怒、沒說出口的恐懼；被遺忘許久的童年往事與回憶，那些不想說的祕密，那些不想被人看見的面貌。如果你在爭吵中是個不負責任的渾蛋，認了吧。如

果你覺得受傷，就大聲喊痛。如果你以沉默懲罰伴侶，承認吧。如果你被惹毛了，就說出來吧。如果你感到憂懼，老實說吧。如果你感受到溫暖與柔情，就說出來並表現出來。如果你搞不清楚怎麼回事，也坦承以對。

深入爭吵底層，找出引發衝突的眞正原因，與伴侶分享，這是建立親密感很重要的元素。發現並分享自我的脆弱面，能創造最親密的互動，以及最棒的身心交流！

只要探索觸發爭吵的潛意識層面，你將不再把爭吵當成問題，而視之爲通往自我認知、成長、深度了解與親密的有效途徑。你挖得愈深，你和伴侶愈能解開爭吵的癥結，更了解自己與對方，也更能彼此同理，愈吵愈幸福，愈吵愈契合。

你勇往直前，深深潛入未知的領域，相信自己可以在母體中找到限制性信念與未竟事務。你和伴侶分享這趟旅程，發現被否定的、被隱藏的自我其實充滿豐富的個人特質。你已經準備好付出代價，享受收穫——改變你的想法、感覺與作法。你已經準備好要**解放**了，成爲完整的、眞正的自己，擺脫限制性信念，解決未竟事務，體驗新的生活方式，打造全新的自己及全新的伴侶關係。

Chapter 7

自我解放

掙脫限制性信念與行爲

當你應用幸福技巧第四招「**自我解放**」，你會開始思考以前覺得難以想像的、說出以前覺得不該說的、挑戰以前覺得不可能做到的。透過自我揭露，你發現限制性信念母體，進而**掙脫它的束縛。你的心靈得到自由，進而成為最好的自我**，並與自己及他人建立新關係。心臟不夠強的人無法承受自我解放；它需要有自覺、敢冒險、夠大膽，但哪一種有價值的挑戰不需要這些條件呢？

自我解放是探索伴侶關係的一種新思考模式。在過程中不斷轉化的思考模式，能讓我們得到成長，並發展出與伴侶相處的新方式。當你用心投入互動，進行自我揭露時，「自我解放」將挑戰你隱藏在內心深處的限制性信念，也就是對自己與伴侶關係抱持的信念，包括對爭吵與親密的態度。在這個模式下，建立伴侶關係的目的並非「找到」眞命伴侶，而是「成爲」眞命伴侶，雙方能夠爲了某種目標而共同努力，達到最大的成效。

現在該打破個人建立伴侶關係的舊習慣，放手爲自己與這份關係爭取大未來。冒險，勇於實驗。爲眞正重要的事情爭吵，不圖一時之快，而是要讓自己**變得**更好。掙脫母體與限制性信念。嘗試接受賦權增能信念，並實際應用在生活上。透過自我解放，你的爭吵不僅僅是爲了讓另一半記得蓋上牙膏蓋子，或者同意歡愛次數多一點；你是爲了捍衛自己的權利而爭吵，爲了受到重視，爲了展現對彼此的尊重與關懷而爭吵。你是爲了自己的潛力，爲了探索這份關係的可能性而爭吵。

放手去愛

掙脫束縛做自己，你得要有「做自己的自由」。致力推動人類潛能運動的知名夫妻與家族治療師維琴尼亞・薩提爾（Virginia Satir, 1976）力挺自我解放時需要五大自由。我們希望你在爭吵與維持關係時能夠實際應用：

- ◆**觀看及聆聽自己感興趣事物**的自由，而不是因爲「你應該」、「你早該注意」或「你以後就知道有用」。
- ◆**說出自己的感覺與想法**的自由，而不是「你應該這麼說比較好……」。
- ◆**提出要求**的自由，不必等別人同意才開口。
- ◆**為了自己的利益而選擇承擔風險**的自由，而不是選擇安定，不願意改變現況。

當你學習實踐這些自由時，會自然而然地生出渴望，用心與伴侶投入互動，並找到自我解放的新方向且勇敢展現。

掙脫束縛，要一步步慢慢來

雖然練習實踐這些自由時，需要探索未知的領域，但自我解放並不是要你突然暴衝狂奔。剛開始時，腳步放小、放穩。在下一章，你會學到重複練習的策略，以持續改變並**重組母體**。至於現在，專注挑戰限制性信念吧。

自我解放就從日常最常發生的行爲開始，漸進地挑戰，例如想法更大膽一點、說話更眞實一點、往爭執核心再深入一步，以及爲了打破建立伴侶關係的舊習慣而採取下一個步驟。你的意圖將活化能力，讓理解力更深刻，因此能夠導引你的信念、思想與行爲形成新的神經迴路。你只要再加把勁，做出一點不同以往的改變，就能站到舒適圈的邊緣，但不必急著越界。這麼做可以「喚醒」你的大腦，向它發出「注意這裡」的訊號（Rock and Schwartz, 2006）。

努力邁向下一個可行的步驟，能讓情況大不同，戴夫與希爾迪對此深有所感。希爾迪覺得很煩，儲備一肚子彈藥打算跟戴夫大吵一架。他們的爭吵以「爲錢爭執」類型揭開序幕，中途卻轉向「自我解放」。聽聽他們怎麼敘述這段爭吵進化的過程：

戴夫：我正在做格子鬆餅當早餐，希爾迪心煩意亂地走進廚房，存心要吵架。我老婆可不是脆弱的女人，一旦被惹火，是很嚇人的。總之，她展開攻擊（口頭），我跟她說我不想吵架。她說她想，這時我想起茱蒂絲說過的話，於是看著我老婆的雙眼，然後一把抱住她。她當下就軟化了，跟我說，屋裡一團亂讓她抓狂；不去度高檔假期了，我們爲了車子花好多錢，她需要大哭一場。說來奇怪，有辦法應付這樣的場面，讓我覺得開心。依照以往的經驗，我們會經歷「依附破壞」，卯起來互相進行情緒挾持，吵得不可開交。

戴夫這次沒有像之前那樣，從爭吵中逃走，遠離妻子的憤怒，相反地，他迎向衝突。他看見隱藏在希爾迪憤怒之下的痛苦與煩亂，以深深的擁抱取代一走了之。希爾迪在他的懷中融化了，釋放憤怒，露出脆弱的一面，分享恐懼與痛苦，以及眞正困擾自己的情緒。她反省並提起童年時期的未竟事務，擺脫「虛假自我」，放下一切，投入丈夫懷裡。

> 希爾迪：整理車子像在燒錢，預定去度假的日子開始倒數，但我們根本負擔不起……我可以感覺家裡的氣氛愈來愈緊繃。我變得易怒，爲了一點小事責罵孩子，不願意跟我老公眼神交會。我逃避規畫收支平衡，而投入清掃家裡。整整三天的時間，我以沉默懲罰身邊所有人，對自己說話、放送負面能量，然後我就爆炸了。他一把抱住我，我立刻哭了起來，並且告訴他實情。我迫切覺得需要讓家人緊密連結，因此精心策畫一次度假。我沒有檢查收支狀況，因爲我不想面對現實，但那個行程貴得離譜，我們根本不可能去得了，更何況還有車子的開銷。我也承認自己覺得很難爲情，竟然把來自原生家庭的恐懼帶進我的家庭，我不想重蹈覆轍。我不必讓自己的行爲合理化，而是藉著說實話就能得到解脫。

對抗你的限制性信念

如果你正按部就班，應用各種技巧剖析自己的迴避態度或爭吵核心，很可能你已經注意到某些模式。不論是「為錢爭執」、深陷「家族紛爭」，或任何類型的爭吵，你都會在衝突背後發現類似的渴望、誤解，以及限制性信念。

茱蒂絲——

在我們關係的初期，鮑伯會把話說出來，但我不會。他曾經沮喪地大喊：「跟我說話啊！該死的。跟我說話。現在、立刻！」他追著我從這個房間跑到那個房間，我砰砰砰地甩上門，把他關在門外，一邊大喊：「不要煩我！」他吼得比我更大聲。然後，我火速撤守，臉很臭，不發一言，憤怒又煩躁。我會開始寫日記，自己一個人進行著「我受不了你……」類型的爭吵。

有時候，他在宴會或一般聚會中大說特說，發表意見，於是我就在回程途中爆發「你讓我好糗」類型的爭吵。其中最激烈的一次衝突，是因為他對我妹妹與妹夫發表一些評論。我非常火大：「我不敢相信你居然對他們說那些話。我糗死了。你怎麼可以？你憑什麼認為他們在乎你的想法？你知道嗎？他們永遠不會當面告訴你。我都可以想像他們正在說長道短討論你呢。」

我開始注意到這些爭吵的共通模式並不全然跟鮑伯有關。經過深入探索，我發現整個家族都有相同的信念，我們認為這個世界既危險又冷漠，品性良好的人不會討論自己或挑戰別人。整個家族都陷入「自我實現預言」，而鮑伯打破了這個規則。

我嫁給一個堅持己見的男人。初識時，我深受鮑伯對事情的看法、廣泛的好奇心，以及深刻的洞察力所吸引，但漸漸地卻對這些特質感到厭煩，主觀評斷他的看似傲慢、強烈意見與口頭戲謔，而他嘲弄的態度總會引發「我受不了你……」類型的爭吵。

我終於了解，眞正讓我心煩的是，我跟鮑伯不一樣，我不習慣「被傾聽」，從來沒想過這麼直接的陳述意見，也不覺得自己有權利表達想法。我無法想像期待「被傾聽」的感覺，更無法想像有人會尊重我的意見。我抱持錯誤的信念，認為自己無關緊要，除非涉及工作或我所帶領的計畫，否則沒有人會眞正看見我、了解我。我對鮑伯勇於表達意見、期待被聽見的態度，感到憤慨，進而展開批評。我把被否定的自我和堅持己見的渴望，投射在鮑伯身上，因此對他心生怨懟。比起告知鮑伯這段心路歷程，自我揭露簡單多了；我喜歡以這種自以爲是的方法展現脆弱面，讓鮑伯忙得團團轉。

我並沒有在這個階段滯留太久，我提升自己的能力，說出自己的意見，並期待對方認眞傾聽。我必須扭轉「沒有人會注意我、聽我說話」的錯誤信念。如果我不勇敢表達，怎麼會有人聽見我的聲音？

我的自我解放程度再進化，我強迫自己走出舒適圈，有條有理的堅持自我主張，表達意見，陳述「異」見。當我覺得受傷，想要以牙還牙時，也能夠清楚確認自己的心意。我逐漸明白，不需要透過爭吵也能夠堅持自我主張。於是我逼著自己繼續往前推進，更勇於表達，並要求對方認眞傾聽。

當我們面對問題的方式改善之後，不但爭吵變少了，鮑伯也經常接受我的看法。這種轉變著實強化了自我解放的力量。我現在可以期待「被傾聽」了。我解決了內心始終沒有劃上句點的未竟事務：像個影子小孩一樣長大成人，一直被忽略，孤獨的存在，想要被看見、被聽見，想要與人產生情感連結，想要成爲舉足輕重的人。更讓我意外的是，當我更自在地表達意見時，就覺得鮑伯並沒有那麼傲慢！我們還是會吵架，但多半都是電光石火，很快就能解決，並做出對我們與工作比較有利的決定。

以上敘述是茱蒂絲如何對抗限制性信念，我們認爲你也有類似的故事。回想一下，思考你應該怎麼做才能自我解放。如果你對如何掙脫束縛仍有疑慮，請繼續往下讀。

勾勒願景，落實改變

改變限制性信念，不是隨口說說或抱持正向思考就能做到。自我解放不只是「坐而言」，更要「起而行」。它需要一再重複的行動，當你擬定賦權增能信念後，必須展現眞心相信的態度。每天給自己一些「作業」，挑戰限制性信念，探索新思維、新行動，以及新的感受模式，我們稱之爲「指定生活作業」

（Wright and Wright, 2012）。

我們討論的不是積極肯定自我（這不管用），而是要鼓勵你在生活中持續應用賦權增能信念（這才管用）。如果你花點時間設想，面對問題時可以有哪些新的因應方式，效果會更好：「如果發生這種情況，我就會怎麼做。」你愈是經常想像各種可能性，因應能力就會更加提升（Wiseman, 2013）。

自我解放的意義在於，以賦權增能信念爲基礎，嘗試因應問題的各種新行爲。你可能一開始並不相信這一套，但是，如果你假設自己能夠做到，試著接受並落實賦權增能信念，就像眞的相信似的，你會發現，它會漸漸凝聚成一種新的信念。舉例來說，如果你覺得自己無關緊要，但是，你的言行表現宛如舉足輕重的角色或人氣王，你很可能改變自己，而成爲那樣的人（Wiseman, 2013）。

照表操課，落實賦權增能信念

1. 選定一個透過自我揭露而發現的限制性信念（例如，我能力不足、我無關緊要）。

2. 面對這種信念，你希望以什麼樣的賦權增能信念來抗衡？為了幫助你做出選擇，參閱下表，看看你對哪些狀況有感覺：

錯誤信念	賦權增能信念
我太過分了。	我的想法與感覺都是有憑有據的。
我無關緊要。	我舉足輕重。
我不討人喜歡。	我討人喜歡（因為我的本色，我不需要委屈自己來討人歡心）。
對我來說，這個世界很不友善。	大家都很支持我，希望我有最好的發展。
我什麼也要不到。	我的資源充足（時間、金錢、愛、體力）。
我能力不足。	我實力堅強。
我是別人的負擔。	我是別人的幸運星。

3. 列舉你會採取哪些行動來落實新信念，挑戰錯誤信念。例如，問自己：如果我相信自己舉足輕重，應該有什麼樣的舉止？什麼樣的姿態？我可能做些什麼、說些什麼？選擇一項你會嘗試改變的行為，比如：

◆開口要求我想要的事物，每天至少一次。

◆試著「跟著渴望走」，至少每小時一次。

◆以充滿自尊自豪的姿態行走、站立。

◆每天五次表達自己的意見與喜好，包括晚餐吃什麼及約會地點。

◆每天記錄當日的特殊作為，以及伴侶做了什麼讓自己覺得受到重視。

4. 付諸行動。表現出你相信這些新賦權增能信念的樣子，每天如此，或者一天好幾次。隨時提醒自己擺開架式，端出態度。記得，你跨出的每一步不需要石破天驚，事實上，小步走比較好，頻率與一致性才是重點。逐步加強力道。繼續閱讀本章，增加練習活動。

5. 寫日記，記錄付諸行動之後的心得。

挑戰信念，深入問題核心

截至目前爲止，我們的討論聚焦於「**你對自己的信念**」在爭執與伴侶關係中扮演的角色，現在，我們要挑戰「**你對伴侶關係的信念**」。自我解放，同時也是要打破限制性信念。當你這麼做，就能體驗更多讓伴侶關係向前行的方法，讓彼此更契合，減少撞牆的機會，避免走向疏離與不滿足。

哪些事讓伴侶關係撞牆？	哪些事讓伴侶關係向前行？
無趣。	創新。
為了同樣的問題吵個不停。	自我解放，找到新的態度與因應方法。
小心翼翼，玩操弄手法。	真實，表達能力豐富。
一成不變，挫折，沒有改變或成長，不可能做出改變。	令人興奮的爭吵。 探索親密感。
不受肯定或沒有影響力。	互相肯定，互相讚美，給予彼此更多的權力。
似乎陷入沒完沒了的權力拉鋸。	分享權力，共同做出決定，成為最佳拍檔。

我們都受到限制性信念的影響，這些信念來自過去的關係模式，其運作主要依賴維持現況、擁護「不搞破壞」、不生氣、不爭吵、一味尋求「好好相處」的人。但是，這個模式無法改善你的伴侶關係或你自己；它只會讓你們困在原地，無法進化至眞正的親密關係。這個舊有的模式源自深層潛意識，認爲個人與關係都是脆弱的，缺乏適應力，無法繼續成長。

每個人都應該發展屬於自己的新模式，設定活潑的賦權增能規則，來挑戰自己與伴侶關係，並從中獲得成長。我們都知道，自我解放是爲了挑戰那些再熟悉不過的舊規則，而這正是關鍵所在。建立伴侶關係的新方法也許令人感到陌生、不自在，你可能會對自己產生懷疑，搞不清楚爲什麼要「惹事生非」，爲什麼要製造爭端、冒各種風險，爲什麼要脫口說出眞相。打破規則吧，不管限制有多少，都要對抗潛意識裡避免衝突的傾向。記住，這麼做是爲了要得到這輩子最棒的伴侶關係，以及成爲最好的自己。我們在伴侶關係研習活動與相關研究中得到一些心得，有助於營造富啓發性的爭吵、建立美好的關係，我們將與你分享，以支持你繼續探索。

自我解放七步驟：進擊吧！打破伴侶關係的舊規則

舊規則告訴我們，小心爲上。但是，如果你把自己和伴侶關係當成溫室裡的花朵，就無法在眞實生活與眞愛的環境下盛開。換個方式，測試這份關係的強度，依循互動七守則來吵一架（謾罵視同違規），你自己和伴侶關係都會變得更有彈性。以下是自我解放的七大步驟，有助於打破過去束縛式關係的規則，建立彼此相處的新模式，把伴侶關係提升到新境界。

❶找出你的恐懼，打破現狀

在這份關係中，你最害怕或最不願意觸碰到什麼話題，唯恐它會破壞現狀？因爲不想招惹事端，就算不滿意也將就著忍受？你在壓抑什麼？回想一下，你用哪些方法維持關係穩定，以避免引發動盪或挑戰？跟著你的渴望往深處走。不喜歡自己度過夜晚的方式、約會的方式、花錢的方式，或者打發時間的方式？想要更多精神生活、性生活，或者家庭生活？提出問題，並討論問題。

❷ 真實表達，不必小心翼翼

眞正的互動，應該是自發的，未經修飾的，眞實的，而不是遣詞用字都得小心翼翼。同時，這也意謂著你比較可能引爆爭執。但是，這就是重點——彼此坦誠做自己，把爭吵端上檯面，接著才能夠處理問題。眞正的親密需要展現脆弱面與挖掘深層眞相。認出那些你害怕惹得伴侶不開心、覺得煩或發飆，而始終避免觸碰的特定議題。你是否等他心情不錯時才提出問題，並且包裝你的意見，又吹捧他一番？不想因爲討論棘手話題而「毀」了美好時光？別再這麼做了。你們是伴侶，是命運共同體。如果彼此的相處過於謹愼，永遠無法眞正碰觸到對方的內心。

列舉你在什麼狀況下會操縱或控制你的伴侶，像是說話之前先演練、捏造事實，或悶著不說，諸如此類。誠懇一點，眞實表達。如果覺得煩，就表現出來。如果你需要什麼，就開口要求。如果你有想法時總習慣要先修飾一番，就別再這麼做，直接說出口。心裡藏著某種感覺？分享啊，說出來！

說出腦子裡想的、心裡感覺的，分享你的看法，爲自己覺得重要的事情據理力爭，表達自己的感受。沒錯，我們指的是所有感受。堅定並明確的表達出來！如果你養成習慣，碰上煩心的事情就說出來，就不會累積怨恨。若是平時壓抑而不溝通，將導致有一天火爆大吵，一股腦兒萬箭齊發，或是處在可能無預警燃燒的冷和平狀態。養成有話就說的習慣，你將更容易找到滿意的解決之道，消除彼此的誤會。

一日將盡，檢視自己還有哪些沒有說出口的訊息、壓抑的感受與憎惡，那些未經溝通的情感、想法、評斷，甚至是感謝、愛意或讚美。評量自己的勇氣。你是否感覺受傷或憤怒，但沒有表達出來？壓抑自己的想法、感覺，或對事情的看法？隱瞞你的關懷、愛、珍惜或感謝之情？一一追蹤，然後跟你的伴侶分享。

❸ 每天聊聊「要緊的事」

光是交談還不夠，談話的**內容**才是讓關係產生正向改變的關鍵。多數伴侶們認為彼此一直都在溝通，事實上，他們討論的多半是日常採買，處理每天的「待辦」事項。

關係穩健的伴侶聊起天來，內容遠遠超過晚餐吃什麼、誰該去接小孩，或者怎麼打發週末。他們聊「要緊的事」，如對這一天有什麼感受，希望、恐懼與夢想。他們在關係中打造追求共同目標的凝聚感與意義，超越打理日常生活的層次（Gottman, 1994）。他們持續深入了解對方，而不是停留在關係剛開始的階段（Miller, 2013）。

每天安排一段時間，聊聊日常採買以外的事；就算每次十五分鐘，都能帶來大改變。你可能會驚訝的發現，除了採買瑣事，你們之間的話題竟然這麼侷限。每天找一個雙方合意的時間互相提問，例如，你的心裡跟腦子裡在想什麼？哪些事情進展不錯？在哪裡遭遇阻礙？你在害怕什麼？渴望什麼？期待什麼？你有什麼感受？你希望今天達成什麼，得到什麼？你的夢想？你今天是否更接近自己的願景？又是怎麼做到的？

❹ 即時反應

「這不重要……沒什麼大不了……他很忙……我不應該煩他……」拋開「這些事」或「你」不重要的想法。隨時視情況做出反應，比較不容易累積意見與不滿，到最後藉著一次爭吵全面大爆發。不要等伴侶心情好了才開口，也不要覺得事情無關緊要，而刻意隱瞞。搞清楚你們是一對伴侶，必須互相告知彼此的生活狀況與感覺，坦承內心的不悅與怨懟。

固定每週約個時間，慎重其事。別邊看影片邊做計畫，要好整以暇地慢慢聊。

每天抽出幾分鐘，養成一方說話，一方傾聽不打斷的習慣，你可以藉這個機會說清楚自己的感受與想法。有點像自說自話，把有所感、有所思都說出來。通常在啪啦啪啦說出口之前，你根本不知道自己爲什麼覺得不開心。有這樣一段空檔說出內心話，並傾聽對方，可以真正深化彼此的了解與親密。

❺ 趁早吵，經常吵

省省吧，問題不會自行消失。不要讓爭吵惡化。它們只會愈變愈亂，愈來愈難化解。當你開始覺得煩或不滿時，就該談一談了。記住，如果你把問題掃進地毯底下，眼不見爲淨，過一陣子你會被它絆倒，傷得更厲害。相處最快樂的伴侶不但趁早吵，而且經常吵（McNulty and Russell, 2010）。長期來說，兇悍、誠實、憤怒的爭吵，比壓抑煩惱更有幫助。在問題浮現的初期就爆發爭吵，應付起來簡單多了。因爲「趁早吵，經常吵」，衝突在關係中成爲「正常」狀態，吵架也就沒什麼大不了。這星期還沒吵過架？進度有點落後喔。

❻ 小事也得當一回事

每件事都很要緊。跟其他作者的建議正好相反，我們認爲，小事也得當一回事，不要放任它累積成大事。對彼此關係感到滿意的伴侶，會討論生活中的顛簸起伏，而不是遇見阻礙就繞道而行（Orbuch, 2009）。如果雙方不溝通，任由問題累積，恐懼與憂慮只會漸漸逼近、變大，最後還是會浮出檯面（Levine and Heller, 2010）。找出讓你煩心的小事，不要忽略它，或是隨意打發。趁問題還小時趕緊處理，別等它暴肥變大、變複雜了，才出手。

結束每天的活動之前（最低限度也得每週一次），做個回顧檢視。你是否被惹得不開心？很煩？隱隱有些不滿意？感覺受傷？生氣？不把自己的感受當一回事？問題是什麼？什麼讓你心煩？面對它，處理它。跟你的伴侶討論。固定舉行週六的早餐約會，一起努力解決問題：這個星期我特別感謝你及這份關係的是……讓我覺得心煩的是……

❼ 找個理由，開吵吧！

幹嘛等到忍無可忍才爆炸？就算還沒儲備足夠的火力，就算還沒完全準備深入火線，尋個事由，大吵一架吧，可能會有很好的成效。這一架，可以引蛇出洞，找到需要面對並處理的問題。

採取互動七守則，應用位於互動變化區間右側的各項規則，以及關於自我解放的小技巧。在跟伴侶討論之前，自己先深深潛入問題核心。眞正讓你煩心的是什麼？你在渴望什麼？你的感受是什麼？你眞正想要的是什麼？在這些問題中，你的錯誤理解扮演何種角色？去吧，跟你的伴侶分享這些想法。

如果你在「怪罪遊戲」或「隱藏的中指」類型爭吵中開出第一槍，指責你的伴侶，向對方比手勢，就要面對內心更深層的眞實，說出自己覺得哪裡不對勁，以更直接的方式提出期盼與要求。別等到哪天爭執得不可開交才爆發，在自覺的情況下找個理由開吵吧！這也許會是一次自我解放的強大體驗。

回顧下列爭吵類型，挑一個，開吵吧！

1. 怪罪遊戲
2. 馬桶蓋掀放與其他家事爭端
3. 為錢爭執
4. 隱藏的中指
5. 欲求不滿
6. 如果你真的愛我，你就會……
7. 我受不了你……
8. 比起我，你更愛……
9. 家族紛爭
10. 早就告訴你會這樣
11. 你總是……／你從不……
12. 被欺騙的感覺
13. 你跟你媽／你爸一個樣
14. 你變了／你就是死性不改

盡情搖擺，寶貝！新鮮感與刺激感太重要了

自我解放就是掙脫舊有模式的束縛，打破常規與慣例。所以，盡情搖擺吧。擁抱成長與改變，挑戰新事物。利用爭吵爲伴侶關係帶來興奮與活力，讓兩人有共識，努力爲彼此帶來新鮮感、驚喜與多元風貌。太多伴侶安於乏味的日常相處模式，這是會扼殺伴侶關係的（Tsapelas, Aron, and Orbuch, 2009）。持續學習、成長與改變的伴侶，才能擁有令人興奮、滿意且契合的關係。

讓你們的約會發揮最大效益。令人興奮刺激的約會比單純開心好多了（Aron et al., 2000; Lyubomirsky, 2013）。深入探索，一個月至少一次「挑戰性約會」，互相挑戰並討論伴侶關係以外的議題，觀察你們在工作、與朋友相處，或在其他領域，如何爲自己製造問題。支持彼此持續學習及成長，以成爲最好的自己。讓你們的約會成爲兼具「自我爆料」與「啓發」效果的經常性約會，互相激盪新點子，應用促進幸福的新技巧，分享學習心得與受到啓發的經驗。

拉高標準，不必屈就

當人們說：「你對伴侶關係期待太高，注定會失望的，把標準放低一點。」他們以爲自己是在幫忙解決問題。但這種建議眞的很差勁。想要好的建議？拒絕屈就吧。對伴侶與這份關係抱持高度期待。自我解放本來就是讓你設定自己的標準，而且還是高標準。

設定高標準有助於打破錯誤信念，例如，認爲自己無關緊要或沒有什麼價值，或全世界和你的伴侶都不會支持你。你就是要表現出一副期待溝通與熱情的姿態。抱持這種標準，不必屈就，反而更可能擁有你渴望的關係。抱持理想標準的伴侶，會傾向努力讓他們的關係符合那些標準（Baucom et al., 1996）。

沒錯，設定高標準可能引發某些爭執。你也許會指責對方是「電視控」，阻礙了社交生活，因此陷入「怪罪遊戲」的衝突類型。你也可能因爲伴侶對工作漠不關心，可想而知升遷無望，從而引爆「早就告訴你會這樣」的衝突類型。這些高標準其實是爭吵的強效催化劑，能推動伴侶關係向前行，不至於變成一灘死水。

參與我們計畫的伴侶，都爲他們的關係勾勒了強而有力的願景，討論出彼此同意的高標準與執行協議，朝目標努力落實。這讓他們很快就跨越爭吵的階段。

他們爲生活大小事設定標準，不輕言背離，範圍包括整修裝潢、日常家事、財務、社交與每天例行的互動溝通。可能只是很簡單的居家標準，像是上床之前必須洗好碗盤，同意每天熱烈地迎接彼此回家，要停下手中正在進行的工作，像興奮的小狗似地迎向對方。訂出標準可以大幅降低不必要的衝突。雙方事先同意怎麼做才是最好的方法，這會帶來很大的安全感、團隊精神與親密感。他們設定新標準與執行協議，以達到解決爭端的目的。

鮑伯——

我和茱蒂絲結婚的前十年，事業正在蓬勃成長，與夥伴發展多方面業務，私人客户服務名單排到兩年之後。我一方面對此感到興奮，一方面覺得壓力很大，我同時注意到自己在回家後只希望茱蒂絲別來煩我。我發現自己對待她的態度比對待客户還不如。這眞的很詭異，對我的幸福來說，她比那些人重要多了。我改變態度，立刻爲回家後的相處設定標準：對她熱烈問候今天過得怎麼樣，分享我的一天，同時認眞傾聽，然後一起做點什麼事情。漸漸的，我期待一回到家就能看見她。家，成爲更溫暖、更能夠彼此分享的所在。將近三十個年頭過去了，直到今天，回家仍然令我感到愉悅。

成為親密團隊，參加伴侶奧林匹克賽

請質疑性愛就是親密感的想法。性愛雖然是表現親密的重要方式，卻很難將它視爲「創造」親密感最好的方式。如果一起生活就是「前戲」呢？應用「愈吵愈幸福」技巧的伴侶們，在團隊合作與搭檔關係中，體驗到深刻的親密感。我們也是吃了苦頭才學到這一點。

我們曾推出一個伴侶工作坊計畫，期望透過各種探索歡樂與親密感的活動，培養彼此的感情與契合度。我們認爲這將是一個讓人感覺享受與溫暖，並且充滿笑聲的週末。結果呢？歡樂與感情不能「如法炮製」，每對伴侶各有各的狀況。等到我們面對現實時，參與計畫的伴侶們已經紛爭不斷了：爲了處理問題的優先順序僵持不下；爲了混亂的地下室爭論不休；教養問題的歧見；爲了金錢、該做卻一直沒做的事、地盤之爭而吵翻天。他們爲了共同生活、學習如何配合、把事情做好、處理家務等大小事而爭執。這些模式引發許多衝突、不必要的口角、帶著敵意的疏遠，讓他們浪費許多時間與精神。

我們嘗試另一種策略，詢問這些伴侶們，過去曾在什麼情況下體驗到與對方的契合度及親密感，答案是當他們同屬一個運動團隊、音樂團隊，或者共同參與一項工作案件。於是，我們把原本的計畫重點改爲「伴侶奧林匹克賽」，幫助他們成爲在生活中熱愛彼此爲伴、共同努力的團隊。每一對伴侶在每個月開研討會時，選擇一項計畫，訂出具有挑戰性的目標，並與其他「隊伍」展開競賽，隔月就困難度、重要性、創意、搭檔程度進行評比。

過程中愈能展現團隊合作的伴侶，愈能體驗彼此間的親密感。他們享受更多趣味，探索更多意義，增進情感，更加珍惜並信任對方，同時擴展對彼此的期待。如今，他們都體驗到了歡樂與親密感。

跟你的另一半成爲強大的團隊，體驗因此創造出來的親密感。選定一項計畫，每個月共同執行。想個方法，把共同打掃廚房、整理地下室或美化房間，變成一場賽事。訂出評分標準，例如效率、趣味性與創意，像奧運比賽一樣，以一到十分爲基準自我評比。設定多久時間內必須達標。招募其他伴侶參加這場「伴侶奧林匹克賽」，激勵自己更有競爭性。

權力共享，遵循最大公約數

成爲超越魚水之歡的美好一對，你們可以體驗到更多愛與滿足。擁有最快樂關係的伴侶們，會尊敬彼此、分享權力，共同做出決定。如果他有足夠的安全感，應該能夠讓你發揮影響力，而不是堅持己見，宣示地位與掌控權；若非如此，雙方離婚或關係崩解的機率高達百分之八十一（Gottman, 1999）。權力共享，就是要釋出權力給對方。一旦落實，我們認可對方在某些領域的能力遠勝於自己，就不會抗拒，反而會熱情支持他們主動出擊，這就是「**遵循最大公約數**」。

你們是否爲了家務雜事的分配、金錢問題，或者應該如何因應、完成某事而爭吵？評估誰對解決問題設下較高標準、誰的處理技巧比較熟練，然後遵循這個最大公約數。優質團隊必須了解每個隊友的強項與弱點，如此一來，可以避免許多不必要的爭吵，同時學習尊重對方的才能，並且互相學習。

投資不停手，回饋無上限

如果你有能力卻不願意成爲更好的自己，或者，你沒有善用伴侶關係，讓它成爲彼此再進化的工具，就錯失大好機會了。自我解放是一種持續進行的生活方式，不是片斷的自由時刻。我們看過歷經婚姻各個階段的夫妻——從生養小孩到空巢期、後空巢期——透過持續自我解放，彼此發展出深具啓發性的轉化。他們不屈就現狀，持續探索伴侶關係的界限。這並不代表他們從來沒有遭遇撞牆期、走下坡，甚至往後退，但他們總是能夠重返正軌。

他們不是爲了好玩而隨便鬥嘴或吵架。他們的衝突有目的性，知道在爭執、強烈情緒表達與緊張對立的背後，潛伏著更強大的核心問題。在臉紅脖子粗的當口爭辯誰是自私鬼，看起來也許沒有「自我解放」的架式。但是，隨著目的性爭吵的次數逐漸累積，這樣的辯論將開啓雙方對伴侶關係的深刻理解，帶動共同成長，爲彼此與這份關係提供繼續向前行的能量。

我們鼓勵你策略性進行自我解放，這個說法呼應亞伯拉罕．馬斯洛

（Abraham Maslow, 1994）提出的「尖峰經驗」①，一種擴張的、自我誘發的感受，通常出現在具有自我實現特質的人身上。尖峰經驗不是天上掉下來的。自我實現者窮盡一生的努力，「設定」讓尖峰經驗比較容易發生的情境。持續自我解放有助於「設定」情境，讓你能夠自由表達，加速進入這種忘我的時刻。

我們不只想要幫助你和伴侶融洽相處，更希望你能夠找到生命自由的喜悅，創造更深刻的連結，爲自己、爲伴侶，也爲周遭的人們變得更美好。把自我解放當成一種生活方式，學習有策略、有步驟的付諸實行，然後你就可以學習下一個幸福技巧：**母體重組**。

譯注
① 尖峰經驗（peak experience）：是一種短暫的幸福、興奮、心醉神迷的感受。具備自我實現特質的人對生命感到滿意，能發揮潛能、具有創造力，通常抱持較實際的人生觀，能夠自然表達情緒與思想。

Chapter 8 母體重組

重新設定思維，轉化伴侶關係

幸福技巧第五招——**母體重組**，精確來說，就是要改變你的思考模式。你必須爲信念與行爲建立新的神經路徑，改變表達愛意與爭吵的方式。也就是學習如何在一個嶄新且持續改善的意識架構下爭吵。如果能這麼做，伴侶之間的衝突可以讓彼此的關係持續變化，甚至產生質變。藉著大腦重新連線，打造能夠強化心智的母體信念，重新看待自己與伴侶關係。你對「愛」有了新的思考方式，兩人在一起的目的是爲了激盪出彼此最好的一面。

母體重組就是：懷抱決心，不斷累積並重複自我解放的各個步驟。你在自我解放的過程中，體驗到打破錯誤信念的過程，現在你要積極學習，習慣這種新的生活方式。自我解放的過程令人興奮，但是，如果不能持之以恆，重複進行，效果無法持久，而這正是母體重組的重點。在進行母體重組時，如果沒有紀律規範，伴侶關係非但無法獲得改善，還會往後退，情況甚至比之前更惡化。又或者，也許你的伴侶做出各種正向改變，你卻仍然透過舊母體的鏡頭看待他或她，對你來說，一切並無不同。你篩濾伴侶的改變，讓這些改變「配合」自己的想法，因此看不見那些正向行爲，甚至相應不理。

這就是爲什麼你必須反覆練習母體重組，建立嶄新且能夠強化心智的信念、行爲，以及生活方式。事實上，重組母體的最好時機就是吵架的當下。爭吵能提供大腦改變的最佳機會。這時候，潛伏在母體裡的未竟事務浮上檯面，正好可以揪出來好好討論。爭吵於是成爲關係轉化過程的整合步驟。你和伴侶的爭吵不再是某種需要解決、克服，甚至避免的狀態，而是成爲關係持續進化的催化劑。

隨著母體重組，你自發自覺地成長、承擔未竟事務、更有成效地爭吵、以更有能量的方式相愛。當你成爲自己未曾想像過的那個人，伴侶關係也將隨之進化。透過母體重組，你掌控全局，並成爲伴侶關係與人生的建築師。

母體重組的魔法：自我與伴侶關係的重新設定

藉由母體重組，你學習善用大腦的神經可塑性，也就是大腦形成新神經迴路的能力，來建構新的信念與行爲模式，進而建構新的自我與伴侶關係。神經科學家發現，大腦可以生成具可塑性的新神經細胞，而要養成新的信念與技巧，需要特定條件，包括高度專注力、創新力、稍微脫離舒適圈，並延伸應用新技巧，反覆熟悉新的行爲模式（Schwartz and Begley, 2003; Berns, 2005）。面對渴望、投入互動、自我揭露和自我解放，都能強化上述所需的條件。

多數人比較喜歡「習慣成自然」且「溫和」的伴侶關係，但是眞正美好的關係正好相反。你必須學習凡事都要有自覺，從對自己的看法，乃至爲何爭吵。母體重組時，沒有任何事情一開始就是「習慣成自然」且「溫和」。但是，你的伴侶關係會漸漸成爲彼此成長與轉化的平台，並探索到愈來愈深刻的愛與親密感。

母體重組代表一種思維方式的轉變：在伴侶關係中保持自覺、掌握調整信念系統的機會、改變個人行爲模式。與其等到問題出現了才開始思考，你必須隨時深思熟慮，如此一來就不會再陷入輕率的、本能反應式的爭吵。現在，你的目的就是母體重組。

哪些事讓伴侶關係撞牆？	哪些事讓伴侶關係向前行？
● 進一步，退兩步。	● 持續並重複自我解放的步驟，不停止改變。
● 解決、克服，甚至避免爭議。	● 利用爭吵，持續改變思考的方式與觀念。
● 避免觸及埋在衝突底層的核心問題。	● 內心的未竟事務浮出檯面時，面對並討論。
● 碰到問題時才開始思考。	● 持續深入思考你的伴侶關係。
● 對某個癥結觀察入微，或有因應得當的舉動，然後陷入停滯期。	● 持續努力創造新的賦權增能信念與關係。

沒有「快速解決」這回事

只要了解大腦運作的方式，你就會明白，根本沒有「快速解決」這回事。持續改變需要重組母體——重複、有意識地讓自己應用新想法與新行爲模式，而不只是你或伴侶提出一個令人感到興奮的深刻觀察、一項因應得當的舉動，就算大功告成。正因爲如此，許多伴侶一旦覺得情況似乎沒有改善，很快就放棄了。他們到某個幽靜的情人度假勝地，改善了彼此關係，接著又往後退。約翰依照吉兒的要求做出改變已經好幾個月了，然後又故態復萌，吉兒對他與這份關係都感到厭惡。吉兒與約翰並不了解，這種情況並非無可救藥；他們只是沒搞清楚「改變」這件事眞正需要的是什麼。

你可能聽過「一萬個小時，從平凡到非凡」的概念，不論是得名的高爾夫球選手、網球冠軍、棋王，乃至音樂天才皆是如此（Ericsson, 2006）。這是精通任何技巧的不二法門，應用在伴侶關係上也是如此。這不是什麼壞消息，因爲你很容易就能跟伴侶耗上一萬個小時。但是，如何度過這些時間才是關鍵。

你必須把時間用來進行母體重組，才能達到持續改變的條件，也就是透過深刻、有計畫的練習，繪製心靈地圖，讓新形成的神經迴路保持通暢，進一步改善、「更新」你的伴侶關係。

母體超頑強，別掉以輕心

你體內既有的母體能力強大，自有其原因；你可能花了一萬個小時在那些限制性信念，以及沒成效的本能反應爭吵模式上。你愈是受到限制性想法牽絆，陷入本能反應的模式，愈是強化了那類想法與行爲的神經網絡。因此，你必須持續打破舊模式，建立新模式。可惜，當你體驗過全新的、心智強化的狀態後，會開始「想念」以前的感受（Dispenza, 2007）。於是，你的潛意識啓動熟悉的負面狀態，並伴隨著削弱心智力量的信念。

舊母體並未離開，如果沒有經常性的重組母體，「舊勢力」會復辟，你以爲遠遠拋開的昔日行爲模式、想法與感覺也會再度浮現。神經的「腹地」就這麼大，如果我們不持續練習新的行爲模式，老習慣就會搬回原來的社區。刀不磨不利，就是這麼回事。

舊母體的力量也可以讓伴侶關係中的正向改變出錯。如果你透過舊母體，跟過去的經驗糾纏，不相信自己討人喜愛，或者認爲不能相信別人，就算你的伴侶對你寵愛有加、從來不唱反調，你仍然無法感受到「愛」。你總會找到方法拒絕正向積極的行動，忽略它們，想辦法自圓其說，或者貶抑它們的價值。

茱蒂絲——

鮑伯很愛我，也不吝表達，經常對我說正向、鼓勵、充滿愛意的話。但是，因爲我陷在母體中的限制性信念（不奢望被看見、被珍惜），總是冷淡回應他的意見，左耳聽、右耳出。現在，我特別認眞聽他的意見，認眞「讀取」他臉上的愛與關懷。我自覺地沉浸在他溫暖的表情、他對我的感謝，還有那些深情的話語。我刻意這樣告訴自己：「噢，鮑伯以充滿愛慕的眼神看著我；我是討人喜愛的。」我的體認都是正向積極的，把正向事件轉爲正向體驗，幫助我建立了賦權增能信念的新神經迴路，告訴自己：我是討人喜愛的、有價值的和珍貴的。

沉浸在正向思維裡

專注正向思維，以改變你的母體。找出伴侶展現關懷的方式，以及做出哪些正向改變。自覺地展開正向互動並用心體驗，有助於母體重組及建立全新的賦權增能信念。像茱蒂絲那樣，自覺地沉浸並確認正向互動。真真實實地去感受。記住互動七守則的第一條——強化正向互動，把它放在心上，好好利用，並持續重組母體。

愛與爭吵的轉化力量

神經科學研究揭示伴侶關係中令人興奮的諸多可能性。想想主導信念、行爲及生活方式的神經迴路，以及它們在你的童年時期，如何透過與親近人們的相處關係而互聯成網。神經科學家發現，成年人如你和伴侶，可以透過同樣的方式，彼此重新連結網絡（Cozolino, 2014）！你可以導正過去惱人的記憶，讓彼此珍惜和了解的新回憶充滿在兩人的腦海中。

新興人際神經生物學的研究，解釋了人際關係如何形塑我們的生活與大腦，表示人際關係會影響大腦生長的方式。這項研究顯示出人際關係對母體中的自我意識、信念、生活方式與行爲模式，都會產生衝擊（Siegel, 2012a）。

不妨這麼想：就好像把你的伴侶當成外部皮層①，「借用」他的理解、同情、設身處地與關懷，然後把這些特質連結起來，輸入你的大腦。當你的情緒被引爆，或者過去某個惹人心煩的內隱記憶，甚或外顯記憶浮現時，察覺你的伴侶正在展現設身處地與理解的態度，你就能夠將他的溫暖與同情，和那些煩人的記憶連結在一起。

爭吵時，內隱記憶才會完全滲透我們的心靈與大腦，也因此對母體重組才會這麼重要。爭吵會引發埋在潛意識（也就是各種信念的母體）裡的痛苦、恐懼與憤怒。我們以爲自己會抓狂是因爲伴侶要白癡、太卑鄙或漠不關心，雖然

譯注
① 外部皮層：是一個想像中的訊息處理系統，可以增強大腦的認知與功能。

伴侶也許不是聖人，但我們的情感反應是來自潛意識，而且還透過母體鏡頭的篩濾。

實際應用幸福技巧時，爭吵可爲母體重組提供最佳時機，這時候我們對發展中的未竟事務比較有自覺，也比較願意體驗更深層的情感。當我們感受到原初的痛苦，就能夠分享內在眞正面臨的問題（與牙膏蓋子完全無關）；這份記憶與相關想法就能進行母體重組。當伴侶以理解與設身處地的態度溫柔撫慰，我們就能將這份同理心與令人不安的記憶連結在一起。神經科學家發現，隨著每次記憶再現，它都會被重新編碼（Cozolino, 2010）。我們之所以覺得心裡好過多了，並不只是因爲伴侶的關懷；更因爲我們將伴侶的關懷納入新母體。這時，我們的想法、期待與生活方式就會開始改變。

調整頻率，進擊吧！

當伴侶雙方的經驗頻率「對」上了，母體重組才比較可能發生。研究顯示，我們的大腦處於經常性的重新連線、調頻適應，互相同理的伴侶關係就是讓神經迴路重新連線的主要方法（Siegel, 2007）。調頻適應的意思就是，清楚了解自己的內在狀態，以及伴侶的內在世界。我們隨時提高警覺，而不是倚賴自動駕駛。這種專注的態度讓我們的心思更敏銳，也更有力量改變彼此的大腦運作（Siegel, 2007）。

當你和伴侶之間擁有穩固的情感依附，要調整頻率互相適應就更容易了。如果你出於自覺而努力讓自己更可親近、更有回應、情感投入更深刻，就能建立讓彼此更容易「讀」懂對方心思的基礎。透過母體重組，你們建立「我隨時都在」的情感迴路，打造互信機制（Siegel, 2012b）。

如果你發展出習得安全型依附（Main and Goldwyn, 1998），會比較善於尋找支持，並有能力支持讓他人。你比較能夠從容面對關係中無可避免的傷害，就算對伴侶感到火大，也比較不會搞得劍拔弩張。爭吵方式將出現轉換，彼此開始調整頻率，體諒對方。你和伴侶都因此獲得更多能量，對新資訊抱持更好奇、更開放的心態，防衛心不會那麼重，也能夠接受新的體驗。你們會比較了解自己，也比較喜歡自己（Mikulincer and Shaver, 2007）。

不要只滿足於安全感，而是在與自己及伴侶調頻適應後，利用安全感來提升自我。當你心無罣礙，能夠體諒對方時，將更能夠站穩立基，全心擁抱人生，這是一個強化自我存在、延展伴侶關係的基礎。

調整頻率，互相適應

要怎麼做到這一點？首先，你必須清楚知道自己的情感、感受，以及內在狀態。身體感官出現什麼樣的變化（像是心跳的速度、緊張、小鹿亂撞、恐懼）？體驗到什麼樣的情緒？下一步，留意伴侶的臉部表情、情感狀態、肢體語言，以及說話的音調。與伴侶之間建立安全型依附，可以促進彼此調整頻率，互相適應。如果你刻意讓自己保持隨時可以溝通、有所回應的狀態，以真實的情感投入互動，就能為彼此搭起共同的平台，讓自己比較容易「讀懂」他的心思，反之亦然。透過母體重組，你們建立互相支持的善循環，同時創造互信（Siegel, 2012b）。

當你察覺到伴侶的情緒變化，就表現出來。表達你的理解與關心，透過眼神、臉部表情、說話的聲調、撫觸、手勢和言語，讓對方知道你能夠設身處地，心有所感。當你們彼此的頻率眞正「對」上了，並表達彼此的不悅、脆弱與情緒起伏，就能逐漸改變過去的互動方式，採取讓彼此更有能量的模式、更溫暖的情感連結。

母體重組不只是追求溫馨與理解，更是爲了展現眞實自我。而讓伴侶知道「我一直都在」，才是最重要的。

逮到機會，隨時強化情緒協調

展現關心，特別是當自己狀態不錯，做來毫不費工夫的時候。當你的心情開朗、滿懷關愛，而且有空跟伴侶共處時，正好可以趁機強化彼此的情緒協調。觀察伴侶的臉部表情、聲調及感受狀態。搞清楚伴侶深層的情緒波動，以關懷與理解予以回應。經常練習這一招，連結愛、同理、同情的神經迴路就會愈來愈深刻。

狀況不好時，更要努力協調情緒

在伴侶爭吵的過程中，也要努力達到情緒協調。這種時候不好過，卻特別關鍵，因為這是更能察覺自己內在狀態的好機會。調整頻率，了解自己的感受、身體狀態及內心的渴望。不要做出反射性回應或潛意識行動，依循互動七守則行動。就算因為母體而引發各種回應方式，你也要努力做到情緒協調。愈常練習，愈能夠達到目標。

讓我們看一對有經驗的伴侶，如何在母體重組的過程中，從彼此爭執邁向彼此情緒協調。

「該死！放下你那支見鬼的手機，回答我！」夏洛蒂大喊。「我受夠了！」這種「比起我，你更愛……」的模式，是他們典型的爭吵類型，夏洛蒂砲火猛烈，不斷指責康諾。夏洛蒂不只是憤怒，因為丈夫絲毫沒有反應，更讓她備感挫折。該是協調情緒的時候了！

儘管夏洛蒂還是憤怒又挫折，但她注意到自己的聲音帶著一股歇斯底里的尖銳、刺耳的音調，還有急促的心跳、逐漸加劇的恐慌與怒火。這份自覺幫助她回過神來，調整自己的情緒。她開始確認自己的感受：我真的又氣又害怕，我整個抓狂了。而這個動作讓她的大腦額葉「上線」，不再只讓反射性的邊緣系統當家作主。她還是很生氣，但神智比較清楚了，同時開始進行自我揭露：這種感覺好熟悉，見鬼了，這就是我成長過程中的感覺嘛。我不顧一切的希望讓家人注意到我，希望他們能夠傾聽我的心聲。我覺得好生氣、好害怕、好無助，好擔心無法得到他們真正的關注。

於是，她對康諾也有比較清楚的了解，在這之前，他比較像敵人而不是丈夫。她注意到，康諾恍神的表情最讓人火大，但她也注意到，康諾的臉色蒼白、呼吸淺促、目光低垂。她看見了他們之間熟悉的模式。他們持續應用「幸福六招」，從過去的爭吵經驗中得知，妻子歇斯底里的長篇大論快把丈夫逼瘋了，勾起他關於兒時的內隱記憶，當他性情失控的母親飆罵時，他就會讓自己「關機」、抽離，避免引爆母親的怒氣。一旦他開始恍神，也同時爲夏洛蒂的憤怒火上加油了。

這時，康諾也注意到自己心跳加速，同時內心進入冰封狀態，他覺得不高興的時候就會這樣。於是，他知道自己生氣了，而且對夏洛蒂的暴走感到害怕。在甩開麻木無感、冷處理的心態後，他不只注意到夏洛蒂的憤怒，同時也發現妻子臉上滿是驚恐的神情。她的原生家庭有六個孩子，父母與手足往往忽視她，隨便打發她，這讓她迫切嘗試各種方法，來滿足被看見、被肯定的渴望，卻總是達不到效果。她總是覺得父母喜愛其他手足多一些，這讓她極度渴求被肯定，卻總是得不到。

有了這一層體認，康諾可以改變看法，對當下妻子的態度有更恰當的反應。他之前把夏洛蒂當成一個兇暴悍婦，現在卻把她看成一個嚇壞了的小女孩，渴望受到認可與關愛。康諾主動接近妻子，在分享自己感受的同時，也向她再三保證，請她放心。夏洛蒂爲自己的連珠砲攻擊而道歉，並且讓丈夫知道她隱藏在怒罵之後的深層感受。

你必須清楚知道自己的內在世界並與之連結，才能夠擁有夏洛蒂與康諾那樣的經驗。這也就是爲什麼自我揭露，以及進一步發展情緒自覺與表達，會如此重要的原因。內隱記憶總是透過特定模式顯露，如身體移動的方式、想法與觀念，以及反射性的回應（Badenoch, 2008）。一旦察覺這些模式浮現，就是母體重組的關鍵時刻。你可以學習如何以不同方式回應這些模式，以更負責、更勇於展現脆弱面的方式，與伴侶分享自己的煩亂。當你這麼做，並得到伴侶的肯定回應，就能夠建立新的期待與信念。把這種方法回饋給你的伴侶，讓他或她也能有相同的體驗。這就是調整情緒連結的神經生物魔法。

決裂→修復→決裂

康諾與夏洛蒂穩健邁開步伐，修復因爭吵而產生的裂痕。他們印證了專家研究的結果：造成伴侶關係出現問題的原因，並不是那些惡毒的話語、冷漠的態度，或者高分貝的音量。問題的關鍵在於，你沒有把握爭吵的黃金時刻進行母體重組。

重點不在於爭吵或決裂，而是缺乏修復機制。「修復」就是母體重組的開始，伴侶之間會愈來愈契合，彼此的親密感也會破表。

人總難免會這樣，跟伴侶「切八斷」、說些很蠢的話、彼此在盛怒中失控、誤會對方，或者做出不夠聰明的回應。爭吵時，若發生上述情況（或者你保持距離，意圖迴避爭吵），決裂往往接踵而來。這時，你經歷了依附破壞，感覺抽離、孤立、蔑視對方、憤怒、害怕，或者深受傷害（Johnson, 2008）。

懷疑對方、爲自己找藉口、把決裂的責任推得一乾二淨，或者責怪伴侶破壞依附關係，這些都只會加劇負面衝擊，製造更深的驚恐，讓彼此更疏遠（Siegel, 2010）。你可能覺得自己的所作所爲很遜，或者相信自己在各方面都很欠缺，更加認定自己肯定在什麼地方出了問題。責怪伴侶則強化了你認爲不能指望別人的信念。經過一場決裂，我們在伴侶關係中通常會啓動「自動駕駛」模式。決裂的力量同時會讓我們產生戰鬥—逃跑—動彈不得的心境。這時，正是進行修復與母體重組的魔法時刻。

伴侶們經歷了關係中的決裂後，多半做不到「修復」這一點。我們說的不只是「床頭吵床尾和」，雖然誤會解除之後的「大和解」性愛是一種很棒的慶祝方式，還能讓彼此更親密！但伴侶們幾乎不了解，眞正的力量在於修復並強化情感連結，而非只是吵贏了、成功躲過爭吵，或只是解決引發爭吵的問題。修復得當可以強化伴侶關係，對雙方來說都是如此。

修復始於承認決裂，並努力重新建立你和伴侶之間的情感連結。你回想起自己的渴望，應用互動七守則，揭露隱藏在表面之下的眞實狀況，然後採取新的行動，以進行自我解放與母體重組。

等到醜話都說盡了，冷漠的態度也擺夠了，你不只可以修復這份關係，還能建立信念與行爲的新母體。記住，愛情本來就是一團混亂，爭吵所引爆的混亂會將我們未曾劃下句點的過去未竟事務帶到眼前。這些就是需要進行母體重組的玩意兒。

只要能夠修復決裂，不論爲了什麼而爭吵或吵得多激烈，你都能夠贏得一段美好的關係。研究顯示，最棒的母親在照顧寶寶時，彼此間有七成的時間情緒不合拍！但爲什麼她們能夠成爲最棒的母親呢？因爲她們修復決裂，重新調整、重新協調，在彼此情感連結脫離之後，又重新建立愛的連結（Tronick and

Cohn, 1989）。這也適用於相愛的伴侶，而一旦付諸行動，這些經驗將成爲你們之間最契合、最親密的時光。

你不必等伴侶出手，任何一方都可以啟動修復，你甚至可以修復自己。收回你加諸於對方的投射，找出未竟事務，對內在湧現的情緒抱持同情，如此就可以展開自我修復。修復沒有門檻，它是一種起心動念（Siegel, 2012b）。

修復斷裂

首先，承認並確認裂痕的存在。不要視若無睹，也不要歸咎於伴侶。不要急著張開防衛傘。先讓自己情緒協調，認清精神的反應狀態、各種感覺與身體知覺，並將它們標記出來。接著，調整你與伴侶的情緒頻率。要記住，對方是你心愛的、想要產生情感連結的人。好，現在開始應用幸福技巧。找出你在渴望什麼，採取互動七守則，勇於承擔。為自己不負責任的行為誠懇道歉，表達重新建立連結的強烈意願。你不必自我踐踏或卑躬屈膝，只要陳述事實就好。應用「自我揭露」挖掘並分享內心深處真正的起伏，包括你的感覺、渴望，以及引爆怒火的真正原因。展現自己的脆弱面，坦承分享。一再重複上述的行為，在某種程度上，你即將展開母體重組的過程。

愛並不代表我們一直處於心靈契合、情感連結的狀態。在這場親密之舞中，我們的舞步有時行雲流水，有時踩腳不合拍，有時需要重新協調。「愛情就是雙方持續調整頻率，尋找情感連結，不斷錯過或誤判信號，中斷連結，再修復，尋求更深刻連結的過程。這一支相遇、分離、重新找到彼此的舞，分分秒秒，日復一日，持續舞動。」（Johnson, 2013,26）。

一對母體重組的伴侶

修復決裂是母體重組的關鍵催化劑，但是，光靠修復並不足以讓母體重組，或成爲一種持續狀態。轉化式的改變需要經過許多奮戰並輔以其他「作業」，才能讓你的神經路徑保持活躍與成長，進而轉化你、伴侶，以及你們之間的關係！

記住，母體重組的目的，在於利用爭吵與伴侶關係，來打造一個內建賦權增能信念和生活方式的新母體。接下來，要與大家分享一對母體重組的伴侶案例。柯妮與艾德學會在自覺的情況下，與對方建立連結。透過這種作法，他們察覺到盤據在各自既存母體中的情緒反應模式，並選擇建立新的、更有成效的模式。過程中，他們啓動神經性的改變，進而改變了想法。

康妮發現她的反應模式通常透過「早就告訴你會這樣」的爭吵類型表現出來，於是應用自我揭露及自我解放，藉由母體重組的方式與策略，改變了慣性模式。以下是艾德與康妮進行母體重組前的典型互動方式：

康妮：我跟你說過，如果我們走這條路一定會遇到塞車。

艾德：我跟妳說過，如果我們提早半小時出門，根本不會遲到。

康妮：哦，所以開上這條蠢蛋路線是我的錯囉。

艾德：我們會遲到是妳的錯。
康妮：我跟你說過不要走這條路。
艾德：是喔，說得好像妳什麼都知道，好像妳比我聰明很多的樣子；好像妳永遠都是對的。

他們陷入「早就告訴你會這樣」的爭吵，不斷冷嘲熱諷，最後什麼也沒有解決，只是彼此漸行漸遠，益發輕蔑對方。事實上，每個人都會做出錯誤的決定，沒有人希望被人嗤之以鼻，但是康妮與艾德卻老是陷入這種毒舌交鋒的爭吵。

康妮來自一個混亂的家庭，父母酗酒，經常在千鈞一髮之際躲避債主。她是五個孩子中最小的，面對年長的手足與有錢的朋友們，她總是自慚形穢（康妮家位於富裕社區，在鄰里間是異類）。她試著表現出歸屬感，各方面適應良好的樣子，實則大半輩子都拚了命想要搞清楚該怎麼做、怎麼穿、言行舉止該怎麼樣，才能夠融入那個圈子。如果依阿爾弗雷德・阿德勒（2009）的說法，她具有自卑情結，想要以冷漠或高人一等的方式得到過度補償。這個表象人格掩飾了她內在的不安全感，掩飾了她慌亂的想要搞清楚該怎麼做、怎麼說，或者該展現什麼樣的態度。為了隱藏這一切，她經常撒謊（這又會導致「被欺騙的感覺」的爭吵類型）。

艾德來自中上階級家庭，父母離異。他的物質生活不虞匱乏，情感上卻欠缺安全感。他的父親酗酒，到處拈花惹草，個性疏離又苛求，他的母親則是自我中心，無法親近。他以傲慢的態度掩飾自己的不安全感，擺出一付「天王老子也不甩」的樣子，自命不凡，夸夸其談。

康妮在一開始就被艾德的家世與態度「嚇」到，覺得自己矮一截。康妮持續在一些艾德實際占優勢的事情上跟他較勁。康妮內心深處還是一個小女孩，手忙腳亂地想要讓自己看起來不像自己，而是另一個人。

康妮開始自我揭露她的互動模式。她看見自己一心想要掩飾的深層不安全感，掙扎著想要擁有某些控制感，這些都源自於混亂的家庭背景。她開始跟艾德分享自己的成長過程，愈聊愈多。當她勇於袒露脆弱的一面，讓童年時期的痛苦浮出檯面時，艾德報以同情與理解。康妮知道母體重組的運作方式，於是自覺地要求自己接受艾德臉上露出的善良，以及眼神中的憐惜與關懷。她讓自己沉浸其間，容許自己淡化因爲出身貧窮而引發的羞辱感。艾德的接受，幫助了康妮接受自己。他認爲她勇氣十足，爲她的大膽與堅定感到開心。康妮則將這些正向思維加入對自己的認知，刻意體驗這些帶來能量的感覺與想法，深化神經迴路。

艾德著手挖掘隱藏在自命不凡、「拜託，我是誰，我怎麼會擔心？」這種行爲模式底層的眞相，與康妮分享內心深處的不安全感與寂寞，康妮會安慰他，並對他的能力深具信心。

透過伴侶關係中的自我解放與母體重組，康妮看見自己根深柢固的母體觀念，以及它們形之於外的方式。她了解自己的生活方式是一種「成癮」模式。她打從心底習慣自慚形穢，認爲自己一無是處，以至於當她沒有這種感覺時，就會找艾德吵架，藉此刺激神經化學物質席捲而來，尋回熟悉的羞愧感與自憐。她愈是盛氣凌人，艾德亦加倍奉還。任何一方都可以挑起對方「早就告訴你會這樣」的高姿態回應。康妮持續關注自己的內在狀態，特別留意自卑的想法與感覺。一旦感覺到這種心情狀態啓動了，她很快就進行轉換。當她對自己的價值產生嫌棄的想法時，就會改變心念，因爲她知道神經可塑性可以反向操作，也可以正向操作。

她以意識思維重新設定潛意識思維：如果我的心念開始循環向下，我會立刻讓它停止。如果能力所及，就調轉方向。如果遇上麻煩，就對外尋求支援。一日開始跟艾德玩起「早就告訴你會這樣」的遊戲，我就誇大其詞到一個荒謬的境界，直到我們爆發大笑為止。如果艾德以仰慕與充滿愛意的眼神看著我，我會讓自己沉浸在這樣的體驗，強化「我是討人喜愛的、有價值的」的信念。

她很快就掌握了改變反應模式的關鍵，特定模式就沒那麼頻繁地重複出現。康妮看見舊母體的力量——她花了超過一萬個小時熟練這套糟糕透頂的想法，以及削弱自我力量的信念。她沒有那種「從此不再自卑」的虛妄念頭，但是她知道該如何持續改變，同時也明白，對自我挫敗的想法提高警覺，就是愛自己的最好方式之一。

艾德喜歡康妮的改變，對此積極回應。他改變自己的「冷漠」母體，除了本身具備的各種才能外，他變得更溫暖，也更容易親近。艾德與康妮不再覺得需要跟對方激烈競爭，開始承認彼此擁有的天賦與能力。他們利用

「早就告訴你會這樣」的爭吵，協助評估相對的強項與弱項，互相配合並改善關係。

艾德與康妮學習採用「遵循最大公約數」法則，承認誰在哪方面做得比較好，誰則不然。他們還是會爲了誰比較會做飯、誰比較會理財而爭辯，但是，他們透過這些爭辯向對方學習，展現最好的自己，並繼續成長（而不是貶抑對方，自抬身價）。

他們發現母體重組的深沉能量。這是一段關於自我成長、彼此成長、伴侶關係成長，深入而親密的旅程。

母體重組的技巧

想要效法艾德與康妮？他們的母體重組以及後續激發的親密感，並不是天上掉下來的禮物。他們一以貫之，計畫並執行自我解放相關策略，滿足內心的渴望，建立賦權增能信念與行為。康妮有一招必殺技：強化「實踐意圖」（implementation intentions. Gollwitzer and Sheeran, 2006）。

她預先考量母體重組的機會，以及可能面臨的問題與情況。她認真設想：**如果艾德吻我，我會全心全意地沉浸其中，告訴自己，我是討人喜愛的，並且真正感受到這一點**。面對艾德的遲歸，她計畫做出這樣的反應：**如果艾德很晚才回家，我會先擁抱他，對他說我好想他，然後我會請他以後盡量避免**。

研究顯示，應用「如果－那麼」的思考方式，事先設想在某種情況下會怎麼做，你就更有可能將「意圖」付諸行動。思考你希望得到伴侶什麼樣的回應，從中尋找線索，採取這樣的思考方式：如果X狀況發生，我將做出Y舉動。舉例如下：

◆如果我對伴侶感到生氣，陷入「杏仁核劫持」的狀況，那麼我會對自己喊停，確認內心的渴望為何，檢視引爆怒火的真正原因。
◆如果碰上星期三，那麼我會跟我的心肝寶貝來個約會之夜。
◆如果伴侶對我展現正向關懷，那麼我會看見並全心體會，以此證明我是討人喜愛的、有價值的。

- ◆如果我對伴侶感到愛意大爆發，那麼我會擁抱她，或者以其他方式表現我的柔情蜜意。
- ◆如果伴侶跟我分享心事，那麼我會努力讓自己跟他「合拍」，刻意關注他的感覺與想法，讓他知道我聽見或看見什麼。
- ◆如果我對伴侶沒有愛得要死的感覺，那麼我會檢視究竟是什麼讓自己感到困擾，並與伴侶分享，接著說出我的需要或渴望。

擬定「如果—那麼」計畫，勤加練習

「實踐意圖」可以透過有系統的提升精進，成為整體母體重建計畫的一部分。擬定計畫可以幫助你思考所處的情況、人事時地物等各種條件與體驗，你可以藉此練習新生成的賦權增能信念與行為。利用「如果—那麼」的方式擬訂計畫，讓你的計畫與那些已經生成或可能生成的新信念與行為產生連結。你會以意識思維重新設定潛意識思維。現在，付諸行動吧。每週檢討進度，微調修正，視經驗來更新計畫內容。爭取伴侶的支持。更好的情況是，你們一起進行這項母體重組計畫。

如果你覺得母體重組過程中的衝擊太大，請記住，技巧熟練需要長時間的練習。母體重組的回饋，如與日俱增的親密感、愈來愈美好的伴侶關係、有共同努力的方向、對自己與伴侶更深切的愛，會讓這一切都值得。母體重組被你的渴望激發；你渴望愛與被愛、渴望契合、渴望被珍惜、渴望被當一回事、渴望盡其在我地自由成長。母體重組幫助你擬定計畫與策略，以找出自己的渴望，並努力實現；透過自我揭露的種種信念，而能滿足你的渴望；同時，透過持續自我解放，來建立全新的、可賦權增能與充滿關愛的生活方式。

母體重組需要計畫與持續不斷的努力，但一切努力都是值得的，對吧？我們發展出許多有助於母體重組的方法與資源，這一路上也會提供指引與支持。你可以在我們的網站（http://www.heartofthefight.com）找到相關資料，有一些艾德與康妮覺得挺管用的方法，列舉如下，等你準備好了隨時可以應用。

開始繪製你的未來母體

也許你會覺得發揮創意來繪製母體很有幫助。你可以依據「自我揭露」那一章，為限制性信念製作一個象徵性的代表。有些人畫了一個像是3D結構玩具的母體，有些人取景於自然，還有人製作彩色投影片。然後，把這個視覺意象當成現有母體概念化的象徵，並想像母體重組。整合新信念，以及你在自我揭露過程中發現的線索，讓意象逐步進化、展開。哪些賦權增能信念、行為及生活方式，是你希望在母體重組的過程中體現的？哪些行動、想法和感覺會反映在這些新的、可賦權增能，同時也是你想要一生奉行的信念？擴展圖像內容，納入你的未來母體。在繪製的圖像中，加入你的理想信念、行動、感覺與生活方式，把它們當成一組新的結構。以彩色或特殊設計清楚標示，那裡就是你前進的目標。

製作並執行母體重組計畫

久而久之，你將擬定一個進化版的計畫，以建立自己的新母體策略。你可以從對自己提問開始：我在這份關係中渴求什麼？對這份關係的願景是什麼？在母體重組的過程中，我想要挑戰哪些錯誤信念？想要奉行哪些賦權增能信念？動手吧，規畫自己可以有怎樣不同的作法。例如，在行事曆上標註每週的約會日期。從互動變化區間右側選定策略，或者選擇某個自我解放的方法每週練習，做就對了。檢討每週的約會。多多利用我們網站上的資源，幫助你繼續建立並執行母體重組計畫。

母體重組的無限可能性

一旦做對了且持續進行，母體重組的影響所及宛如魔法。想要達到這種不可思議的境界，你必須善用幸福技巧。充分了解自己與伴侶的眞實渴望，投入互動變化區間右側的互動，依循互動七守則設定以安全感及互相了解爲基礎的條件。透過自我揭露，你強化了適應自己與伴侶的技巧，更能了解自己的母體，以及它在伴侶關係與彼此經驗中所扮演的角色。透過自我解放，你展現對自我揭露的掌握，並開始掙脫限制性信念，體驗各種可能性。

對於母體重組，你訂出紀律，持續挑戰限制性信念。你活化神經可塑性，與伴侶深刻互動，以加速重新連線的過程。因爲充分了解母體重組需要哪些條件，你更有自覺，也更謹愼地進行自我揭露。

簡單來說，你把伴侶間的衝突當成催化劑，以驚人的方式改變思維，不但能刺激個人成長，同時也帶動伴侶關係更上一層樓。如果這不是神奇魔法，我們就不知道什麼才算是了。

想要從這份神奇可能性中得到好處，你必須學會「**專注奉獻**」的本事，這也是下一章的重點。

Chapter 9

專注奉獻

承諾爲了追求更好而改變，直到永遠

專注奉獻不僅僅是簡單的承諾或誓言，它是一輩子的承擔，彼此在心智清明的狀態下共度人生、深愛對方，善用幸福技巧處理衝突，並持續學習、成長及轉化。專注奉獻在「還可以」與「挺好的」伴侶關係之間拉出分界線，同時也區隔「挺好的」與「美好的」伴侶關係。「屈就」無法達到美好的伴侶關係，你必須專注奉獻，督促自己面對渴望、投入互動、自我揭露、自我解放、母體重組。專注奉獻可以深化你們之間的愛，強化親密感，創造有意義、有目標的伴侶關係，從此過著深刻體驗人生的日子，直到永遠。

專注奉獻意謂著你的態度是投入的，你會深入爭吵核心，解讀爭吵的意義。一旦進入專注奉獻模式，你就不再迴避意見不合、爭吵與心情煩亂，你知道可以應用「幸福六招」來妥善因應衝突，以進一步了解自己與伴侶，讓彼此的關係成長。這是一輩子的承擔，需要以紀律爲後盾，讓自己不致偏離正軌。

專注奉獻意謂著選擇挑戰，不論以個人或伴侶的身分，都持續全力以赴，永續成長。當你專注奉獻，將以個人及伴侶的身分，學習懷抱目標活著，爲了追求更好而改變，直到永遠。這就是「專注奉獻」，幸福第六招的力量。

從開始到永遠

你在Chapter 2裡見過道格與狄妮。他們的故事說明了專注奉獻的重要性。道格與狄妮在大學時相戀，在彼此身上找到安慰。道格找到一位喜歡自己的美麗女孩，狄妮找到一位身家背景殷實且認可自己的男孩，可以讓她忘記自己那位不怎麼樣的父親，逃避原生家庭的窮困與死氣沉沉。他們都渴望被接納、被珍惜，並且都相信自己已經找到可以滿足渴望的「眞命」另一半。

大學畢業之後，他們就結婚了，狄妮成爲一位精神科技術士，道格在財務公司擔任分析師。狄妮在一家診所工作，長期對頂頭上司不滿，道格的職涯則牛步前進，他們的關係也在這時開始崩壞。他們陷入「你變了」爭吵類型，狄妮覺得和道格在一起的生活很乏味，道格覺得狄妮沒完沒了的抱怨很難消受。

我們之前提過，狄妮宣稱永遠不會想要跟道格生孩子，並且已經找好公寓，準備搬出去。她在與我們進行個人輔導面談時，同意再給這份關係一次機會。她帶著道格一起來，經過討論，我們說明輔導最重要的目的，在於幫助他們以獨立個體的身分，過著最適合自己的生活。我們一語道破，指出他們互相指責對方爲彼此帶來了不快樂，但是這些不快樂並非來自婚姻本身。狄妮長久以來心懷不滿，而道格面對工作與家庭時，則一貫採取把頭埋在沙堆裡的逃避態度。

他們非常震驚，原來承擔婚姻的義務，首先需要雙方對自己的快樂付起完全責任。他們開始重新定義「愛爲何物」，揭開「永遠幸福快樂」的迷思。透過自我揭露，他們開始探索，身爲個人與伴侶，在這段人生歷程中必須專注奉獻到什麼程度。

當道格的事業遭逢挫敗，他開始認眞思索這個問題。當時老闆告訴他，他不可能成爲公司合夥人。在鮑伯的幫助之下，道格知道他必須重新定義自己，並對自己的專業建立一個能夠綜觀全局的視野。透過這樣的自我揭露，道格努力進行自我解放與母體重組，從一個目光狹隘的內向者，轉變爲具有遠見的外向者。

狄妮檢視自己的過去，她一直承擔著支撐原生家庭的責任，沒有童年生活，更沒有什麼青少年時期。她終於明白自己深切渴望能夠盡情生活、充分表達自我、被看見及被了解。爲了實現渴望，她開始享受生活，有話就說，個性也變得更有趣、更隨興。她的幽默感在工作中展現，同時也展現在批評道格時的妙語如珠，她冷面、犀利的風格，逗得道格很開心。

透過自我揭露，狄妮發現她並不像自己所想的那樣，於是開始檢視自己在職場上如何仗著才能地得過且過，而不是全力投入，做到極致。她注意到自己只會抱怨老闆太官僚，卻不曾試圖改變自己或組織。她很清楚，想要解決長期的不滿，必須站在帶領者的立場，重新定義自己，並帶動改變。爲了挑戰對個人價値的限制性信念，她接下組織中的行政管理職務，達到自我解放的目的。

道格透過自我揭露與自我解放，重新定義自己，以不同的方式看待這個世界，他變得更能與人社交，對客戶的貢獻度更高，也在過程中帶進更多業務。

道格與狄妮走過追求幸福的過程，雖然吵架次數變多，卻能利用爭吵學習進一步了解自己與對方。他們解決了「比起我，你更愛……」類型的爭吵，他們互相支持，事業開始蓬勃發展，而且還生了一個孩子。爲了教養以及整理家務等問題，他們仍然面臨艱困的挑戰，但始終不懈怠，並知道這趟重新定義與發現之旅，正在進行中。

他們專注奉獻，在各方面取得最佳表現，包括雙方在各自心理學與經濟專業領域拿到博士學位。他們的兒子通過入學申請，成功進入大學就讀，道格自行創業，並將公司賣給一家更大型的企業，在他的專業領域擁有精神領袖地位，狄妮以心理諮詢師做爲職涯的下一步，他們仍然對未來做出更高的承諾與承擔。

把你對愛的定義改爲專注奉獻

正如道格與狄妮，你必須在婚姻的文化迷思中重新找到定位，專注在這一段關於學習、成長和轉化的共同旅程。

專注奉獻讓你的愛更深刻。抱持專注奉獻的態度，你可以讓激情之愛轉變爲友伴之愛（Sternberg, 1986）。友伴之愛也許不像初期癡迷的激情那麼強烈，但是它擁有極其強大的能量，而且令人感到滿足。它融合了依附、親密，以及深深的愛慕。藉著持續而專注的奉獻，友伴之愛蓬勃成長，成爲圓熟之愛，許多人認爲這是終極之愛（Sternberg, 1986）。終極之愛帶來極爲明確的幸福感，我們可以藉此訂出努力的方向。這份幸福像燈塔一樣，幫助我們挺過艱難時刻。如果我們重新調整對愛與婚姻的定義，納入專注奉獻，我們會更容易接受這趟探險旅程，並遵循投入互動七守則，追求幸福。

專注奉獻不只是對關係的承諾，夫妻之間有時會迫於某些束縛而堅持綁在一起，像是爲了孩子、宗教道德觀、家庭壓力，或者如果分手就會失去事物

（Stanley, 2005）。這些都可能讓夫妻痛苦相守。真正的專注奉獻能讓伴侶關係更豐富，並深化信任感、滿足感與愛。

想要達到圓熟之愛，伴侶雙方必須是成熟、獨立的個體，專注奉獻，投入互動。這些人改變他們對愛的定義，致力成爲最好的自己。

哪些事讓伴侶關係撞牆？	哪些事讓伴侶關係向前行？
順水推舟，而非審愼做出決定。	承諾發展長期、健康成長的伴侶關係。
想透過伴侶關係來彌補個人的欠缺。	不論是個人或伴侶身分，生活都有目標。
只想要初期迷戀帶來的激情。	專注堅持創造更深刻、更有力量、更令人感到滿足的愛。
因為環境與某些束縛（宗教、孩子等等）維持關係。	致力讓兩個完整、獨立的個體投入互動。
基於方便或迫於環境，進入一段關係。	把深層、經過刻意安排的練習，當成健康關係的一部分。

抱著騎驢找馬的心態。	要有破釜沉舟的準備，全心全意投入這份關係。

不練功必荒廢：前額葉的眞愛人生

道格與狄妮彼此專注奉獻，不但以個人的身分，同時也以伴侶的身分致力進行改變。你可以從他們的故事看出來，改變不是隨口承諾，三兩下就結束。它是一個持續進行、激烈而雙向的過程。歷經高低起伏，歷經浪漫愛情與爭執不休，他們堅定不移，這種果斷的心態幫助他們與兩人的關係更上層樓。專注奉獻是一種刻意安排的生活方式，它可以刺激並且善用前額葉的力量。你的前額葉就是個人意圖與意志所在的地方，讓你能夠「有意識」的活著（而不是仰賴潛意識的母體）。藉著強化奉獻力道和前額葉，你才能夠阻止頑強的母體不斷浮現及破壞你的進度。正如道格與狄妮的親身體會：這段過程需要保持清楚認知，同時努力不懈。

他們的關係並不是一夕成功；沒有任何一段關係可以瞬間達到幸福境界。以道格爲例，當他學會如何行銷自己的財務諮詢概念，並加入一家小而美的公司後，事業生涯突飛猛進。但是在一連串的讚美後，整個人就鬆懈了，他不再像之前那麼投入、那麼拚，於是又面臨掙扎脫困的情況。

狄妮也一樣，她發現自己必須不斷尋找可以投注心力的標的。狄妮喜歡園藝，那是一段可以放鬆的時間。但她並不知道，自己渴望在捻花惹草中得到的，其實不只是放鬆；這是她的部分母體再度出現，是她爲自己感到難過，想要逃避責任的渴望。放鬆和休息並沒有錯，但是狄妮卻把園藝當成手段，逃避自己在工作上像個無助受害者的感覺。如今，她整理庭園時非關逃避，而是重新創造自我，跟隨內心的渴望，感受腳踏實地，與泥土親近的情感。

我們的母體隨時準備再次現身，如果我們停止刺激並挑戰自己，不再持續學習與成長，母體就會再現。世界知名鋼琴家弗拉基米爾・霍羅威茨（Vladimir Horowitz）曾經說過：「如果一天不練習，我自己聽得出來。如果兩天不練習，我妻子聽得出來。如果三天不練習，全世界都聽得出來。」（Coyle, 2009,88）。這就是專注奉獻，就是你必須帶進伴侶關係的態度。

就像音樂家不勤練，技藝就生疏了，舉重選手不持續抓挺，力氣就鬆懈掉了，如果你不把專注奉獻當成優先要務，你的伴侶關係就會遭受阻礙。專注奉獻的對象不只是這份關係，同時更要致力成爲最好的自己、讓伴侶關係變得更有活力、持續成長與轉化、讓追求幸福的過程成爲你的生活方式。

邊緣系統會讓你回復過去的例行模式，會讓潛意識的衝動主宰你的行爲，專注奉獻就是與之抗衡的「解毒劑」。不僅如此，它還讓你擁有夢想的力量，並能判斷哪些作爲在阻撓自己追夢。

夢想不停歇

自問一些可賦權增能的問題，以保持前進的動力：**我要如何成為最好的自己？有能力做些什麼？對我的伴侶來說，我還有哪些可能性？我們的關係在未來會是什麼樣子？可以為彼此帶來什麼好處？可以為周邊的人們帶來什麼好處？以這種方式過生活需要付出什麼樣的努力？**這些都是來自前額葉的問題，這塊大腦皮質喜歡思考各種機會，創造新的生活方式。

深思熟慮練武功

專注奉獻就是在思慮清楚的情況下做出決定，以個人身分及伴侶身分，決定自己想要什麼。一旦做出決定，就全力以赴，刻意朝那個目的前進。這是道格與狄妮最初的挑戰。正如今天許多夫妻一樣，他們順勢進入婚姻關係，而不是經過深思熟慮做出承諾。

「順水推舟對審慎決定」是史坦利（Stanley, 2005,158）的說法，他指出夫妻因為方便或衝動而結合，這並不是深刻、具有延續性的承諾。不論是否因為年紀到了，或者租約到期等原因，許多伴侶住在一起共同生活，然後沒有經過認真決定的過程就結婚了。

道格與狄妮也是這樣，沒有眞正考慮到這種行為可能造成的結果。他們吃足了苦頭才知道，他們沒有選擇成為最好的自己，卻墜入「找對另一半，問題就搞定」的迷思。他們花了好一段時間，才發現自己需要重新定位。他們終於明白，想要維持這份關係，並沒有魔法方程式可以套用；需要的是審慎依循幸福技巧，落實深度練習。爲了這個目的，他們不只參加伴侶團隊討論，每週定期交作業，最後還帶領以互動七守則爲基礎的伴侶關係探索計畫。他們發現，透過這些方式可以專注呈現自己最好的一面；而在幫助其他伴侶的過程中，他們在這方面的專注程度也更加提升。

把幸福技巧變成一種習慣，是需要紀律的。也就是說，你必須努力找到引爆點，然後勤加訓練，直到在爭吵時能夠自動回溯追蹤，確認自己的渴望爲何（這時候有教練指導很有幫助）。接著，你必須更早一點確認渴望爲何，投入更深，互動更多，從而進行自我揭露，即學習、分享，以及在更眞實的表達自我同時，增加對自己的了解。你要學著養成自我解放的習慣，透過深刻的觀察，讓自己的言行、對事物的感受或思考方式，都能有所不同。這會帶動你的母體重組，積極推動個人內在的進化。

按部就班演練：愈吵愈幸福模板

專注奉獻就是，每次吵架都要讓所有技巧派上用場，或者能夠察覺自己刻意避免其中某一項。把「愈吵愈幸福」模板①當成引導，你就可以不自覺地展開母體重組。在這個過程中，同時需要遵守互動七守則。回答下列問題，有助於了解問題究竟出在哪裡，以及應該如何處理。你可以在我們的網站找到線上版實例。

愈吵愈幸福模板

檢視爭吵

起因：什麼原因引爆爭吵？我迴避什麼樣的爭吵？爭吵時發生哪些事情？

感受：我以前覺得怎麼樣？我在吵架之前與吵架過程中有什麼感覺？是否想要逃避其他渴望或感覺？

譯注

① 模板（template）：是認知心理學用語，這派學說認為凡是接觸過的外界事物都會在大腦中留下印象，也就是說，我們腦中儲存有各種印象型態，這些型態稱為模板，當外界事物再次出現，若與我們腦中的模板吻合，就能產生辨識。

面對渴望

找出你的渴望：比起現在這樣，我真正想要的結果是什麼？我認為爭吵對我有什麼影響？隱藏在爭吵背後，我真正的渴望是什麼？（應用Chapter 4的圖表）

分享：與伴侶分享你的渴望，以及你在爭吵爆發之前的感受。

投入互動

跟隨內心的渴望：在互動七守則中，至少選擇一項，付諸執行，或者從互動變化區間右側選擇一種行為或方式（見Chapter 5）。做，就對了。

自我揭露

找出模式：我之前也曾經有過這種感覺嗎？是否有固定模式？有哪些似曾相識的感覺？當我還是個孩子時，在什麼情況下有過這樣的感覺？

深入挖掘：表面上我在想些什麼？內心深處又是什麼想法？牽涉到哪一種關鍵的錯誤信念？哪一種未竟事務被啓動了？這次爭吵中，我內心深處的哪一種未竟事務浮出檯面？

分享：與伴侶分享你在自我揭露過程中發現的訊息。

自我解放

思考：利用自我揭露擬定計畫並執行自我解放：下一次我可以有什麼不同的因應之道？規畫下次將如何改變作法，告訴伴侶你打算採取哪些方式，並逐一落實。

付諸行動：行動包括你的作法、想法與感受。做，就對了。

母體重組

策略因應：擬定計畫與策略，持續進行自我解放，改變你的模式與錯誤信念。設想各種情況，預期可能出現的事件與可能性，以進行母體重組。

利用「如果—那麼」策略或實踐意圖：如果……（情況、事件、生活態度、心情、特定人事時地，凡此種種），那麼我就會……

行動：把計畫付諸行動，持續不懈。

破釜沉舟的決心

專注奉獻意謂著沒有退出，沒有一走了之，沒有騎驢找馬這種事。**也許還有更好的人……我應該留下來還是離開？我應該上臉書搜尋前男友……不知道前女友現在有沒有固定的伴侶關係……也許他會改變，情況會改善……要是他可以……**這些有趣的念頭可不是切斷退路，簡直是把門敞開。安排落跑路線、懷抱曖昧的願望、設想不切實際的條件，**「如果你真的愛我，你就會……」**這類的想法與爭吵，只會消耗伴侶關係中的能量與活力，導致沒有結果、重複性的爭吵以各種形式發生，從瑣碎平凡的「馬桶蓋掀放與其他家事爭端」，到比較嚴重的「怪罪遊戲」，不一而足。沉溺於曖昧的願望，幻想不切實際的選擇，搜索替代的可能性，卻無法對現有的伴侶關係認眞投入，這就不是專注奉獻，不是切斷退路。專注奉獻就是避開那些「如果怎樣……」，而聚焦在伴侶關係的現實面。

在CBS影集《數字搜查線》（*Numbers*）倒數第二集中，阿米塔正準備由未來的公公艾倫牽著她走進婚禮教堂，並徵求他的意見。艾倫剛開始還打趣地說：「如果妳想逃婚，現在正是時候，使出吃奶力氣快跑啊。」阿米塔說，她是認眞的。這時，艾倫回答：「我記得我在結婚當天有過這樣的念頭，**如果我現在一走了之，保持單身，一個人生活，把日子過得單純又簡單，會怎樣**？這些年來，我經常想起『那傢伙』，那個走掉的男人，一個人生活，想做什麼就做什麼，日子過得多麼單純又好玩，而我的人生呢，嗯，有一點複雜，有時候有點痛苦……總之，我從來沒有羨慕過『那傢伙』，一次也沒有。」（Falacci and Heuton, 2010）。艾倫這麼說，足以證明他了解「切斷後路，破釜沉舟」的重要性，做出選擇，勇往直前，不讓這份關係有機會從後門溜走。

「如果你眞的愛我，你就會……」這種類型的爭吵，往往伴隨著預留退路的心態，或者迴避專注奉獻。這類爭吵要求伴侶專注奉獻卻不可得，因爲它同時要求對方提供證明。道格把這種爭吵當成對狄妮的愛情測試，同時也顯示他壓根拒絕承擔專注奉獻的責任。他以前總是碎念：「如果妳眞的愛我，就會把家裡整理得好一點，就會早一點回家，不需要我開口也知道該幫我買什麼，出席我商場上的宴會時也會打扮得更體面，我就不必那麼辛苦了……」這種類型的爭吵有無限多的變化形式：「如果你愛我，你媽批評我的時候，你會挺我。」或「如果你眞的愛我，就不會用這種方式跟我說話。」

在道格成長的原生家庭中，「愛」等同於讀心術。如果某人無法看出你的心思，他或她就不愛你：「如果還得開口要求，那就不算數。」這種錯誤想法來自他潛意識的錯誤信念，他必須努力克服、承擔責任，直接告訴狄妮，他希望她怎麼做。

爲伴侶設定不相關的標準或條件，以此做爲愛的證明，這並不是專注奉獻。這給了你一個「離場」的伏筆——如果對方沒有以你想要的方式證明愛情，你就不會投入，甚至可能結束，選擇離開。專注奉獻是以滿足對方爲前提，做自己該做的，讓這份關係走下去。

人們預留退路，「讓後門開著」，因爲他們害怕失去自由與選擇的權利。但事實恰恰相反。切斷退路，專心面對我們的恐懼與渴望，能帶動一系列強化能量的行爲，讓我們繼續前進，不再自我懷疑。此外，它還需要我們面對自己。透過面對自己，道格與狄妮強迫自己表現出那些他們寧可選擇忽略的人格特質。當道格與狄妮往前看，並且專注於彼此攜手前進的方向，而不是陷溺於過去的傷痛、限制，以及無法擁有的事物時，就能把精神與力氣投注在其他更出色的成就、更有成效的爭吵與更深刻的親密感，兩人的收穫遠比想像中更加豐富。

檢查你的退路

確認在伴侶關係中的哪個部分，是你不打算百分百完全投入的。你是有所保留，抑或舉棋不定？你是否長期抱怨而不是著手進行改變？光是說一堆空話？你是否正在進行研究人員所謂的「替代監測」計畫（Rusbult and Buunk, 1993）？也就是心裡想著其他選擇，考慮另起爐灶？這些都是開後門留退路的跡象。如果你對上述任何問題做出肯定答覆，請找出「後門」的位置，花心思把它們關起來。只要想想，如果把那些精神用來改善促進伴侶關係的技巧，成效會有多可觀。

切斷退路，補好裂縫

有些伴侶並不懷疑自己是否選錯人，但是他們緊閉的後門可能有裂縫，任由生命能量外洩。這些人並沒有做到專注奉獻，他們內心的渴望被轉移到「軟癮」上頭，這些看來無傷大雅的習慣，其實會榨乾生命的動能、吸乾關係中的活力。

比爾加入我們的工作營時，是一名遊戲成癮的高科技工程師，跟妻子陷入「比起我，你更愛打電玩」的爭吵。經過約莫六個月的個人成長探索，他的妻子說，她終於找回當初嫁的那個人了。比爾不再每晚花四個小時黏在電腦前面；相反地，他會跟孩子們玩耍，甚至上床休息的時間也跟妻子同步。他的工作發展蒸蒸日上，獲得加薪，重新擠入公司拔擢栽培的重點名單。

比爾終於了解，他對電玩的需求其實是一種障眼法，掩飾自己對於刺

> 激、挑戰，甚至支配力的渴望。當他開始面對來自家庭與工作的挑戰時，便體驗到打電玩時無法找到，也無法滿足的刺激感、親密感，以及掌控「生命」遊戲而非「虛擬」遊戲的成就感。

軟癮包括了看太多電視、過度消費、過度沉迷社群網路，甚或過度健身，都可能導致伴侶關係停滯，並爲此付出很大的代價。我們內心的渴望與感受因此變得麻木，從而扼殺了有成效的爭吵與正向改變。我們無法重新活化前額葉皮質。我們迴避眞正認識自己與伴侶後可能帶來的不自在，而把注意力轉移到螢幕、購物或其他事物上。

如果我們不讓癮頭主導行爲模式，內心的渴望將會引領我們以更自然的方式投入互動，我們也不會讓這些渴望成爲淺層的需索——只是消耗式的行爲，既無法推動我們前進，也無法帶來心靈滋養。軟癮成爲一種人工替代物，替代我們眞正需要的親密感與其他事物。不論你的軟癮以何種形式呈現，最終仍然得靠專注奉獻，才能讓深層渴望取代激情與需求。

從軟癮中學習

與其沉溺軟癮，置後門裂縫於不顧，不如從中學習。充分意識到自己的軟癮，利用它們找出內心真正的渴望，以能夠實現的方法滿足這份渴望，特別是與伴侶一同經歷整個過程。每個軟癮都是想要滿足深層渴望，卻誤入歧途的嘗試。解讀表面的激情需求，探究埋在底層的渴望，直接面對並滿足你的渴望。

舉例來說，你逛臉書的時間遠比跟伴侶面對面的時間長，也許你渴望情感連結、渴望歸屬，或渴望自己舉足輕重。堅持要有固定的約會時間，同樣也是要求情感連結，受到重視。跟你的心肝寶貝討個抱抱，討個安心，或者分享自己煩心的事。練習採用位於互動變化區間右側，正向並具創造性的行動，以更直接的方式滿足自己的渴望。（想要更多建議，請參考茱蒂絲的著作，《終結軟癮》（*The Soft Addiction Solution*），並可上網了解 http://www.judithwright.com/soft-addictions. 你會在一組條列編錄上找到自己的軟癮及特定「模板」，藉此找到隱藏在軟癮之下的深層渴望。把軟癮當成有趣的遊戲，讓軟癮與深層渴望產生連結。）

向上提升，不進則退

專注奉獻需要不同形式的紀律，其中特別有價值的一種就是「向上提升，不進則退」：處在順境，更要勇於冒險。道格與狄妮從經驗中得知，當一切進行順利時，他們會變得依循慣例行事，停止前額葉活化，漸漸恢復以前的樣子。他們的母體重新浮現。他們中斷了持續母體重組的紀律。

當一切進展順利時，就勇敢加碼前進吧。諾貝爾經濟學獎得主康納漢與特沃斯基（Kahneman and Tversky, 1979）發現了**「損失規避」**（loss aversion）現象：從事某種冒險與新活動時，比起潛在的愉悅與收穫，我們對想像中的痛苦或損失之感受更強烈。「損失規避」導致我們見好就收，而不是加碼押寶，就像優秀的運動團隊在特定賽事中拉開勝負差，或者棋局開局取得優勢時那樣。一旦抱持「損失規避」的心態，我們在生活中就會刻意迴避痛苦。我們變得安於現狀，而不是努力求好，然後想辦法讓它更好。

爲了進一步了解「向上提升，不進則退」，想像你在賭城，而且剛剛贏了一把。如果抱持向上提升的心態，你會籌碼加倍再搏一把。相反地，當你手氣很背，一路輸錢，這時候你得起身離場，付清賭債，學個教訓。「損失規避」也可以解釋爲什麼我們抱著差勁的投資卻不肯放手。

同樣的情況也會發生在伴侶關係中。道格與狄妮的相處出現問題，爲此付出代價，也尋求並得到幫助。當然，在彼此關係走下坡時，會趕緊尋求諮商；但是，想像一下，如果有更多人在一切都很順利時尋求諮商，會是什麼樣的光景？其實，這正是最佳時機，關於這點，道格與狄妮很有經驗。

向上提升

當一切都很順利時，問自己：**我們要如何進一步改善現況？我們該如何學習，以帶動進一步成長？我們該如何卯足全勁，更深入的挖掘，看看這份關係可以發展到什麼程度**？立刻行動吧。無可否認，我們得靠紀律才能在對的時間提出上列問題，而「紀律」正是專注奉獻的關鍵要素。

展望未來，專注奉獻

勾勒願景可以促進專注奉獻，讓我們知道自己要往哪裡去，就像在森林中使用羅盤一樣，找到前進的方向。它讓我們不致迷失，自動自發，而且堅持到底。願景讓我們一以貫之，持續前進。它讓我們知道自己的目標與計畫，並且落實執行；幫助我們事先設想好，如果途中遇見障礙時應該如何改變行進方向。願景具有強大的能量，可引發新的可能性。美國國父勾勒民主願景，宣告自由與公義的普世價值。父母為新生的孩子勾勒美好未來的願景，父親們將女兒交給其他人，因為看見一段幸福生活正等待著他們。

如果你讀到這裡，你已經為伴侶關係的可能性逐漸勾勒出愈來愈詳細的願景。我們想要在你的願景增添一些東西。我們為你勾勒了充滿信任、了解與契合的未來，你們將互相滋養，感受彼此的熱情與溫暖，互相扶持走過艱困時刻。我們希望你能得到伴侶的珍惜與感謝、挑戰與刺激，以及萌芽待發的各種可能性。我們想像你們之間的關係是互相學習、互相成長、互相滿足對方的潛能，你們將共同經歷一場持續加強親密感與可能性的冒險。

我們心中還有許多可以勾勒的願景，這些願景也將進駐你心深處，只要你勇於想像、勇於追求，並且在閱讀本書後勤加練習。現在，你該與伴侶共同爲彼此勾勒一個豐富的未來，愈吵愈幸福，深入爭吵核心，在喜悅中分享。

創造願景

藉著為自己與伴侶關係創造願景，能讓你的專注奉獻有著力點。

你可以問自己下列問題，讓你的心來回答：**我在這份關係中渴望得到什麼？如果我的渴望得到滿足，人生會是什麼樣子？我如何形成對自己的期待？我想像自己會成為什麼樣的人？到時候，我會有什麼樣的感覺？什麼樣的言行舉止？什麼樣的生活方式？我會如何表達自己？對我與我們的關係來說，哪些願景是可能達成的？**

接著以伴侶的角度問問題：**我對我們的關係有什麼願景？對我們的互動、家庭生活、團隊合作、賦權增能，以及資源使用的方式，有什麼展望？我們在那種情境中如何共同生活？展現什麼樣的言行舉止？會有什麼感受？別人會如何**

影響我們？我們對這個世界又會抱持什麼樣的想法？（如果可能，也讓你的伴侶回答這些問題。）

把你的願景當成已經實現的事實，寫下來：「**我是……我這麼做……我們如何如何……**」讓你的願景「活」起來，寫出你的感受、感動及生活方式。不要聚焦在過於巨大的目標，重點是「感受」你會成為什麼樣的人，會有什麼樣的感覺、什麼樣的言行舉止，身為對方的伴侶，你會成為什麼樣的人。

愛的勇氣

透過專注奉獻，以及應用幸福技巧，你會發現親密關係與永續之愛的各種可能性。你不只豐富了伴侶關係，隨著這份關係的成長，你也成爲一個更好、更堅強的人。你應該已經發現，努力成爲最好的自己並落實願景，是需要勇氣、技巧與練習的。想要達到專注奉獻，你需要面對自己的恐懼，擁抱自己的快樂，然後，在建立更堅固、更有力量、更深情的伴侶關係同時，你也會變得更堅強、更忠實，這將是本書第三部分的重點。

Part 3
打開心房，開闊視野

勇敢穿越黑森林：面對危險，發現寶藏

Chapter 10

情緒成熟度

親密的生活、相愛與爭吵

眞正的親密需要勇氣、誠實與情緒智商，這樣你才能知道自己的感受、自己是什麼樣的人，以及自己的主張。在生活中應用我們討論過的技巧，你會發現，思考過程一定要脈絡清楚，要勇敢，要誠實，同時也必須用心感受。也就是說，你必須強化情緒成熟度。如果缺乏這項特質，你會對親密產生誤解，以爲所謂「親密」只需要得到對方的認可與接受。

眞正的親密更無所懼，更肆無忌憚。它需要專注奉獻，讓前額葉活躍，同時也必須要有承擔、有遠見。它也要求你有能力撫慰自己的傷痛與恐懼，而不是一味指望來自伴侶的照顧，讓你覺得被接受、有安全感。那不盡然是無條件的愛，只能稱之爲倚賴。另一方面，本章重點「自我認可的親密」（self-validated intimacy）強調的是成爲自己的主宰，與家庭、伴侶做出區隔，發展情緒成熟度，以追求深刻的親密感。一旦發展出情緒成熟度，你就能體會箇中妙用：情感表達的能力更強大、互相賦權增能、獨立、培養堅強而成熟的愛人之間才有的信賴，以及深刻親密的愛，這正是本章的主題。

共同成長，契合度大躍進

「你讓我變得完整。」「我不能沒有你。」

浪漫？不，這些洗腦神句也許聽起來很浪漫，但如果你信以爲眞，就代表還沒有全面發展出追求深刻親密感所需的情緒能量。如果你必須假以外求，無法靠自己的力量變得完整，你就不是自己的主宰，不是一個能力足以應付成熟關係中所有要求的獨立個體。你還沒有完全達到自我區隔化（Bowen, 1993）。你還不是一個與原生家庭或伴侶涇渭分明的獨立個體。你還沒有完成自我發展的過程。

親密必須靠兩個發展完整的自我才能達成。多數人就算成年了，也沒有發展出完整的自我。於是，我們下意識的想要在伴侶關係中達成這個目標。兩個沒有自我區隔化的個體糾纏攪和，互相拖累牽絆，有些人卻錯把這種情況當成親密（Bowen, 1993）。

不妨從這個角度思考。下列何種行爲比較親密：緊緊擁抱，眼神各自望向他方，或者，近距離面對面，眼對眼？如果你們互相拖累牽絆，如同前一種狀況，你們就無法辨別親密的生滅。因爲忙著補破網、使勁抓住對方，或者糾纏攪和，你們根本看不見對方。在這種情況下，個人的感覺與想法必然受對方的牽制。想要建立親密關係，我們必須能夠堅持自己的立場，把彼此當成獨立自主的個體。

獨立與親密的強大驅動力

所有成功的伴侶關係中，都存在著強烈的緊張感，這股緊張感來自於兩種強大的生命動力：彼此歸屬的引誘力，以及獨立自主的推動力（Bowen, 1993）。如果我們一定程度地調和這兩股力量，讓它們同時發揮作用，就能擁有滿足的人生與親密的伴侶關係。要追求成熟情感的成長，必須掌握個人與伴侶關係之間的緊張感。

爭吵通常是因應這兩股動力的潛意識嘗試，不是推開對方，追求獨立，就是藉由不理性的嘗試，希望彼此更親近。一方可能想要親近，另一方卻希望保持距離。有些伴侶一旦黏太緊，感覺不舒服，就會找碴吵架；有些則是因爲分隔兩地的距離而造成彼此不自在。

你必須擁有足夠的情緒成熟度，才能掌控這兩股力量。我們必須抗拒「疏遠」或「獨占」伴侶的誘惑；必須發展成熟的自我認同，明確與原生家庭做出區隔。也就是說，我們必須發展成爲堅強的、具有自覺的，能夠爲自己做決定的個體，既能夠保有個性，同時能夠以開誠布公與負責任的方式分享眞實的想法，進一步刺激自己與伴侶的成長。這包括能夠吵出幸福，以及深入爭吵核心。

擁有這樣的成熟特質，你可以自在表達真實的自我，表達意見、喜好與渴望，不管你的伴侶是否認同。當你愈來愈成長，愈來愈成熟，同時也將達到情感均衡的狀態。你可以負責任地展現不同的情感模式。當你的伴侶持續成長與改變，或者拒絕成長，你都不會因此感受威脅。

你愈是獨立自主，愈不會擔心是否被接受或被愛。你持續探索內心的渴望，而不是糾纏於義務、罪惡感、刻板角色扮演或各種期待。當你愈能夠活出獨特的自我，情感表達也就更靈活，面對爭吵與煩亂時能夠安撫自己，而不是不知所措或完全失控。

如果你沒有建立自我區隔、活出獨特性，那麼你對伴侶關係的期待不是死硬派，就是打模糊仗。當那些堅定的期待沒有被實現，你會感到不悅，覺得被困住，或者變得更固執。當那些朦朧的期待無法聚焦成形，你會覺得失落，可能因此鬱鬱寡歡。不論陷入哪一種模式，就算輕微不滿的情緒，都會讓伴侶之間的緊張感擴大，往往因此引爆爭吵。既然區隔化始於區分自我與原生家庭，緊張感也通常來自於「家族紛爭」類型的爭吵，以下提到一對年輕夫妻正面臨這樣的狀況，屬於他們的幸福旅程剛剛啓程。

家族紛爭——從爸爸的小女兒到獨立真女人

潔咪與她的丈夫艾瑞克在各自的領域學有專精，同時熱中社交活動。他們看起來都很堅強、很獨立，似乎是最不可能陷入沒完沒了「家族紛爭」的夫妻。

艾瑞克：不要老是一不開心就打電話給妳媽！而且天天上演這戲碼！拜託，妳是成年人了。我受夠了跟妳家人攪和。我受夠了！現在我才是妳的家人！我希望妳把我當成家人看待。

潔咪：我不可能不管我的父母。如果我告訴他們，我們不想要每週日過去一起吃晚餐，他們肯定會受不了。他們會怎麼想？我不能讓他們難過。我是他們的女兒！

艾瑞克：該死的，妳可是我老婆耶！

潔咪只希望艾瑞克順從她的父母。她費力地想要取悅丈夫與自己的家人，卻從沒有眞正想過要怎麼做才能取悅自己。潔咪無法全心投入婚姻，她被原生家庭的羅網困住了。她跟艾瑞克的爭吵，以及艾瑞克強烈的期待，都對她造成強烈的困擾，但是她也不願意因此忤逆家人的期待。

潔咪不是一個獨立自主、發展完全的個體。她困在「家人」的角色裡，主要的身分認同是「父母的女兒」，並不是自主的女人或妻子。因此，潔咪覺得艾瑞克的氣量太小。她無法理解，艾瑞克居然可以要求自己不要陪伴家人，或者不要每天向媽媽尋求建議。每當潔咪夾在艾瑞克與家人之間，陷入兩難時，她會選擇先安撫「聲音」比較煩躁或不滿的那一方。

潔咪尋求諮詢協助，當所屬的成長團體挑戰她的作法與想法時，她逐漸了解被家族束縛的代價。她限制了自我成長的機會；原本渴望體驗深刻的親密感與展現眞實自我的自由，也都被自己一手阻礙。

潔咪看出來，自己因爲害怕家人的反應，也擔心被當成「壞女孩」，因此無法對他們說不。一旦察覺這些問題，潔咪明白自己對家人的「忠誠」要求感到憤怒，他們的愛是有條件的，端看她順從與否。

當她更深入地探索，她知道自己恐怕不再是爸爸的小女兒；她也擔心如果自己不能繼續扮演父母之間的緩衝器，他們會爲了度假等等問題吵成什麼樣子。潔咪開始盡量避免介入父母之間的衝突，而不是迴避與艾瑞克爭吵，她發現艾瑞克之前的抱怨一點兒也沒錯，她的確拒絕長大，拒絕離開家。潔咪應用互動七守則，了解自己將負面感受怪罪到艾瑞克頭上，同時也發現自己老是在意別人的評價，很難做到盡其在我，只對自己負責。

潔咪重新設定方向，利用與艾瑞克的爭吵，找出自我成長過程中的癥結，毅然決然改變行爲模式。潔咪與艾瑞克應用「幸福六招」疏通了內心深層的渴望，潔咪開始關注自己的需求，不再一味配合家人或其他人。她發現自己之前的行爲多半出自於罪惡感，而不是發自內心想要這麼做，她甚至不是眞的樂意花這麼多時間跟父母相處。潔咪與艾瑞克明白，創造深刻親密感的關鍵不在於費心經營關係，而是經營自己——彼此都要建立情感責任感，面對並處理內心尚未劃下句點的未竟事務。他們步上母體重組之路，重新整理各自的價值觀、對事情的看法與標準。

乍看之下，艾瑞克似乎是兩人當中比較獨立的；事實上，這一對夫妻的自我區隔化程度不相上下，自我認同的程度也差不多。這種情況很普遍，我們總是選擇自我區隔化與自我認同程度差不多的伴侶（Schnarch, 2009）。艾瑞克有一種酷酷的、冷冷的，「我可以搞定」的形象，這個虛假自我掩飾了他情感表達比較極端、對生活中各種角色扮演的看法很僵化，也很堅持己見的情況。他與自己的原生家庭疏離，卻也沒有完整的自我發展，對他來說，自我認可的親密同樣遙不可及。

艾瑞克與潔咪愈來愈能誠實面對自己。你也可以做到。自行檢驗以下幾點：你拜訪家人是出於罪惡感或義務？如果不必承擔後果，你是否會避免見到他們？或者，你大部分的社交時間都花在陪伴家人？你的家庭成員是你最好的朋友嗎？你因爲家人彼此心存芥蒂或爭吵，刻意避免與他們相處，或是跟哪位家庭成員有衝突？不論答案爲何，你都應該努力成爲自己的主宰，爲建立成熟的親密關係奠定基礎，這才稱得上自我認可的親密。也就是說，你的情感知覺敏銳，同時遵循互動七守則，爲追求自我滿足負起百分百責任。

你愈是確實遵循「幸福六招」，即面對渴望、投入互動、自我揭露（包括未竟事務、虛假自我、依附模式、母體的錯誤信念，和啓動關係的關鍵因素），透過自我解放建立新的行爲模式，經由母體重組打造眞正的自我，就更能夠發展細膩的情感表達，更有彈性，也更有擔當。落實這套演練，你會增強自我區隔化，同時有能力接受更深刻的親密關係。

你將會了解關於成功關係的硬道理：

> 最好的關係不是來自於努力經營「關係」，而是努力經營自己。（Gilbert, 1992）

親密內功，你練了嗎？

藉由強化個性，做出自我區隔，潔咪與艾瑞克發展出情感的獨立性與成熟度。你也可以做到。只要你在親密關係中擁有明確的自我意識，就能夠持續探索、持續成長，不至於失去獨立自主的人格。

藉由建立私人領域、追隨內在渴望的導引、整合願景與價值觀，你和伴侶之間發展出互為平等的共識，這並非透過評分表錙銖必較，而是磨合出雙方共同認可的立足點。你們相信彼此都是有能力、有擔當且自由的個體。你們互相尊重，以開放而直接的態度面對每一次溝通。

經過這樣的練習過程，你可以達到自我認可的親密，不需經由他人的認可（Schnarch, 2009）。思考這兩種親密關係的表現方式，有助於確實分辨兩者的不同。

◆**他人認可的親密**：「如果你對我吐露心事，我也會對你說。如果你不告訴我，別指望我多說什麼。但是，我想一吐為快，所以你也得照著做。由我開始，那麼你就有義務坦白，這樣才公平，你必須讓我覺得有安全感。我必須能夠信賴你！」

◆**自我認可的親密**是支持自己、為自己打氣，同時讓對方了解自己：「我並不期待你會同意我的想法；你完全不需要配合演出，表現出認可或幫我打氣的樣子。但我希望你愛我，如果你不懂我，沒有辦法眞正地愛我。我不希望被你拒絕，但是我必須面對這種可能性，唯有這樣，我才能眞正感覺被接納，或者體會到安全感。該是對你展現眞實自我，面對我的獨立性與生命有限的時候了。有一天，當我們都不在了，我要知道，你是**懂**我的。」（Schnarch, 2009）。

親密、自我區隔與情緒成熟度

唯有具備情緒成熟度與自我區隔化特質，你才能建立自我認可的親密。想要體驗自我認可的親密，必須發展出強烈的自我意識，並逐步提高情緒成熟度。這時，你可以說，你很清楚自己在這段親密關係中是什麼樣的人，很清楚自己的想法與價值觀，不會爲「虛假自我」辯護，你會發現對自己與伴侶的限制、焦慮與缺點，都看得比較清楚。在面對自己時，怪罪變少了，理解與探索變多了，會勇敢面對恐懼，正面挑戰自己的黑暗面（例如，自私、憎惡、操弄、壓抑、有虐待狂、自我詆毀）。

當你努力強化個性，做出自我區隔，將不再花那麼多力氣逃避自己，可以展開更誠實的對話。當你承認自己錯了，就算對方沒有投桃報李，可能也會覺得驚訝。當你找出自己投射與曲解的原因後，跟自己相處起來會更輕鬆，也更容易接受成長的痛苦，因爲含淚耕種才能微笑收割。一旦你能夠坦然承認自己的局限，應對伴侶以外的人際關係也會更靈活，同時更加堅持地追求源自內心渴望的目標。面對挑戰時，你也更能安撫自己、力挺自己，減少補償式的放縱，或任由自己沉溺於軟癮。你也比較不會責罵自己與伴侶，而會選擇自我認可的親密，不需經由他人認可。

記住，沒有人可以無時無刻保持成熟的心態。眞實呈現自我才是重點。追求情緒成熟度，成爲完整的自我，這是一輩子要努力的功課。

你的自我區隔化程度有幾分？

前述章節中介紹了在關係中具有情緒成熟度與自我區隔化特質的個體，你的自我區隔化程度如何？如果評分標準為一到十，為自己打個分數吧。

十：你具有明確、堅強、不設防、以內心渴望為基礎的自我意識，有勇氣堅守立場，承認並接受自己的黑暗面，幾乎在任何情況，甚至在壓力籠罩下，都能夠展現情緒成熟度與自我認可的親密。

一：你容易怪罪別人，把自己的想法投射在別人身上，糾纏牽絆，被恐懼牽著鼻子走，情緒泛濫，傾向陷入他人認可的親密，特別是在緊張或衝突的情況下，甚至可能迴避了解自己、改善自己。

只有透過設定方向，邁向增強自我區隔化之路，你才能體驗伴侶關係與生命中可能出現的幸福。

情緒成熟度有助於達到眞正的親密

潔咪仍舊擔心家人的反應，但她不會因此退縮，而且，她也不再什麼事都順著艾瑞克。她學習善用這些強烈情感湧現的時刻，把它們當作學習成長的機會，這也是建立親密感的必要條件。有時候，她甚至將內心的憂慮告訴艾瑞克和父母，而她驚訝地發現，他們的反應激怒了自己。她一邊學習表達，一邊重新挖掘內在情感的力量。

潔咪逐漸成爲自己的主宰，掌握情感表達愈來愈遊刃有餘。透過應用「幸福六招」，她強化自身的情緒成熟度，體驗情感的能量，見證它如何協助增加親密感。

所謂情緒成熟度，就是你能夠清楚知道自己的感覺、意識，以及身體感受到的變化。讓情感的智慧引領你前進。你感受到自己如何察覺深層的渴望、某些衝動在內心翻攪，而情感的覺知將啓動自我揭露的洞察力。強化情感表達有助於自我解放，讓你勇敢面對打破限制性信念的恐懼。

如果缺乏細膩表達各種情緒的能力，你無法成爲完整的自我，也無法擁有最圓滿的伴侶關係。學習深刻察覺情緒變化並熟練的表達，與掌控情緒大不相同。事實上，掌控感受是阻礙情緒智商與親密感的極大障礙。多數人追求將恐懼與憤怒降到最低，但這就像硬要把一匹生猛強壯的種馬關進小小的馬廄，不讓牠自由奔跑。我們花費太多力氣壓抑內心的感受，卻沒有學習如何認清它們並表達出來，進而從中獲益，但唯有這麼做，才能充分發揮恐懼與憤怒的功能。

潔咪從來沒有像這樣體驗自我與內心的感受。她覺得體內的生命活力奔竄，比以前更自由了。她變得更隨性、更自在、更眞實、更活力充沛，更接近獨一無二的眞實自我。潔咪發現了關於親密的祕密：當她愈能夠自我主宰，就愈有能力掌握情感表達、強化情緒成熟度，同時也更能夠體驗親密感。她了解，與自己及自身情緒的關係，才是體驗深層契合的關鍵，想要建立這種內在的連結，只靠她與艾瑞克的互動是不夠的。

一個樂團之所以能夠演奏出震撼人心的交響樂，是因爲每個樂手都有自覺，並且展現自己獨一無二的演出。同樣的，唯有保持自覺，能夠徹底地、自由地展現自我的愛人們，才有能力創造深層親密感與深刻的伴侶關係。

如同專業樂手必須學會辨識音階、音符，才能讀懂樂譜，進而勤練並演奏出美妙的樂章，愛人們也必須學會愛情的基礎入門，才能施展永續而親密的關係魔法。一起演奏的樂手們，必須能夠判讀夥伴們的心思，才能完美合作。愛人們也是如此，他們對彼此了解的程度必須達到最高境界，才能創造和諧的關係。他們必須學習並精通心之語言，這也是下一章的重點。

Chapter 11

親密智商

情緒素養基礎入門篇

一對契合的愛人可以高度精確地讀出彼此的心意，並予以回應，包括雙方的感受、動機、價值觀、渴求的事物，以及其他更深入的種種。他們前一刻激烈挑戰對方，下一刻就輕鬆地溫柔擁抱，能夠有效率地「閱讀」彼此的心意，同時表達自我。他們可能都是掌握情緒詞彙的高手，卻仍然不斷學習細膩表達與理解對方的新方法。他們生氣了就爆發出來，受傷了就喊痛，也會視情況需要而降低衝突強度，必要時就打開天窗說亮話。

他們內在的覺知，來自於自知之明與自我警惕，他們對愛人的了解則建立在用心感受與眞實興趣的基礎上。這樣的愛人們沉浸在甜蜜氛圍中，散發互相戀慕的光芒。他們從不停止學習愛的語言，每一天都希望能夠更充分地自我表達，更深入了解對方。他們持續改善情緒的覺知能力、調控能力、表達能力及成熟度。

他們從不好高騖遠，透過專注演練基本功，擴展表達與理解的深度，同時也幫助他們從痛苦中學習，提升愉悅的感受。他們告訴自己，有責任把愛說清楚，不論愛的表達形式是歡樂、傷害或憤怒。他們追求明確的表達，並深化彼此的連結。

他們強化情緒語言，也就是「心之語言」的流利程度，透過練習與表達，提升親密智商。

原始與次級情緒

學習語言要從基礎學起，持續累積字彙，練習溝通與表達的技巧，才能發展出更熟練的掌控能力。學習愛的語言則必須不斷發展情緒智商，藉此深化親密感。

我們都擁有恐懼、受傷、憤怒、悲傷與歡樂等原始情緒，如果想要愈吵愈幸福，必須對這些情緒更有自覺、更深刻的去感受。

次級情緒結合多種原始情緒，罪惡感即爲一例：它結合了受傷、恐懼，通常還包括憤怒。你的罪惡感一開始可能看起來不像恐懼、受傷或憤怒，但通常在某種程度上都包含了這三種情緒。次級情緒的體驗因人而異，它以個人內在經驗爲基礎，以獨特的方式結合原始情緒來呈現（Damasio, 2005）。原始情緒就像字母，次級情緒就像由字母組成的單字。我們的目的是希望熟記字母，靈活運用。

多數人對情緒存在某種程度的誤解與負面看法，以爲有些情緒是「好的」，例如歡樂，有些是「不好的」，像是恐懼、憤怒與悲傷。對某些嚴厲的家庭來說，歡樂甚至可能具有危險性。如果依循情緒本來的功能，恰如其分地展現，**所有**感受都是好的，因爲它們是人類經驗中能量強大的面向，每一種情緒都轉化爲符合我們需要的密碼，讓我們有心理準備，可以降低傷害或危險的衝擊，同時也能體驗更多歡愉。不是我們的感受「不好」，是我們缺乏與這些感受相處的技巧，無法以負責任的態度表達，這才是造成問題的原因。

我對自身感受的態度

留意自己一整天的情緒變化。我們無時無刻都有情緒，但是多數人習慣性只注意那些比較強烈的反應。你對情緒或感受有什麼評價？哪些情緒你覺得表現出來很適合，哪些你覺得不太好，甚至需要壓抑？哪一種情緒讓你覺得最自在？你對恐懼的看法是否強烈到某種程度，以致當你退縮、緊張或猶豫時，甚至不知道這就是恐懼？你是否壓抑受傷的感覺，因為這樣不像「大人」，或者不夠有男子氣概？你是否抑制怒火，因為你認為這會讓情況變得一團亂？你是否能夠勇敢面對悲傷？歡樂是危險的嗎？學習確認並有效率地調控情緒，有助於了解沒有「不好的情緒」這回事，只是我們害怕面對，還沒有學會如何應用情緒。

原始情緒的基本目的，是引領我們遠離痛苦，擁抱愉悅。舉例來說，恐懼引領我們追求安全感；因爲傷痛，我們尋找療癒與肯定的力量；憤怒帶著我們遠離有害或者令人害怕的處境，邁向渴望得到的結果。失去歡愉或愛讓人悲傷，悲傷召喚哀痛。歡樂是純粹的愉悅，能強化表達與互動，激發追求各種可能性的熱情。一旦這些特定情緒的資源被開啓，我們就能體驗活力與生命力、更寬廣的自我覺察、開放的心靈，以及幸福感（Fosha, 2000）。

當我們與伴侶分享情緒經驗，感受到對方努力同理（Siegel ,189），便滿足了被認識、被了解的渴望。這種分享與情感連結的方式，不只讓我們在心理上覺得比較舒坦，同時也讓我們**成為**比較好的人。潔咪發現，當她渴望得到艾瑞克的肯定，感受到對方同理自己的用心時，她比較能夠做到自我認可，並且維持一種之前無法達到的心靈平衡狀態。她開始表達自己的感受，即使對方不以爲然也無所懼。

強化情緒成熟度可以提升自我認可的親密，經過深化的親密則讓我們的情緒發展更成熟。面對衝突、憤怒、羞辱或不被認同的情況時，仍能有效率地管理並表達自己的情緒，這就是自我認可的親密。在成熟的關係中，你與家人、伴侶可以抱持不同的意見與價值觀，卻仍然維持情感連結。在一段親密、忠誠的關係中，這種態度可以讓你們彼此充分了解並深愛對方。

評估情緒調控能力與親密技巧

要評估情緒技巧與能力，你必須先強化情緒成熟度與自我認可的親密。當你的父母、家人或伴侶，不贊同你的想法或作法時，你還能夠繼續跟他們對話嗎？即使不同意他們的意見，你是否能夠保持穩定的心情，或至少繼續互動，既不退縮也不抓狂？你如何處理他們利用你的內疚感：你就順從了、躲開了，還是覺得有必要責怪他們，或反向利用他們的內疚感？你會因為顧慮關係中的壓力或其他人的要求而認輸？或者你會反射性的不讓別人稱心如意？你是否能夠在不抱持敵意、不冷漠以對的情況下，拒絕別人的意見或要求？你能不能有所歸屬，卻仍然充分保有獨立的自我？

情緒調控四面向：內、外、上、下

情緒技巧究竟是什麼？伴侶們老是以爲掌握情緒就是把感覺淡化，變得麻木，或想辦法讓它們消失。如果你正在開業務會議或接近全面崩潰，這種方法也許有用，但是，情緒技巧應該包括煽風點火的能力——提高情緒速度，以便讓你更快做出反應，強化歡樂的感覺，或者引爆怒火以放手追求渴望已久的改變。你對自身情緒的態度愈開放，對情緒的表達與管理就愈能夠恰到好處（Cozolino, 2010）。

潔咪知道自己害怕惹父母與艾瑞克不開心，卻不知道該如何確認自己的傷痛與憤怒，她甚至需要更多練習才能將這些情緒表達出來。潔咪也許很害羞，但她察覺情緒變化的敏感度卻勝過艾瑞克。在這方面，艾瑞克幾乎完全沒輒。

所謂情緒能力，包括充分了解某種情緒如何影響你的身體，說出你的感受，以負責任的態度充分表達情緒，容許情緒發揮它的功能。我們稱最後一項能力爲「情緒的實現」，包括有能力安慰自己、利用憤怒擺脫痛苦的糾纏、哀悼所失、面對恐懼、紓解悲傷、願意冒險走出心靈封鎖線、與伴侶或他人分享痛苦和歡樂。

因爲強化情緒調控能力是親密關係中不可或缺的一環，以下將分享一套有助達到目標的基本架構。透過學習並了解如何向上、向下調整，艾瑞克與潔咪能夠正確辨識自身的情緒，表達自己的感受，同時客觀接受對方的感受。他們在提升情緒調控能力的過程中，覺得我們這套「內—外—上—下」四面向模型很管用。

◆ **對內**：隨時留意自己內在的轉變，以及有什麼感受。察覺自己的感官知覺，了解當下的情緒，並帶入過去的經驗。了解自己與伴侶。保持對事件與內在經驗的敏感度。你有能力去體會、去感受，及明確辨識自己的情緒，這將有助於掌握內心深處的渴望，體驗完整的生命力與同理心。

◆ **對外**：從容自在，以負責的態度表達情緒。充分表達個人情緒，讓情緒得到完整的宣洩。但不是歇斯底里地胡亂發洩，而是以負責任的態度展開溝通，這種表達方式讓你更能與自己，也與伴侶和諧共處。眞誠、毫無保留的表達情緒，不拘形式，只要保持負責任的態度，不管是痛哭或捧腹大笑都無妨。

◆**向上**：表達自己的情緒或面對他人的表達時，多一點情感，多一點力道。我們通常認爲這一招是爲了鼓舞人心。清楚知道自己目前的狀態，並且有能力強化、刺激對個人情緒的了解。也就是說，你能夠深刻體驗各種感受，更充分地體驗歡樂，更快速地投入互動。這是讓你有動機並積極展開行動的關鍵，就好像高速轉動，持續暖機，那麼你就能夠飆速向前衝。

◆**向下**：撫慰、冷靜、調節情緒強度的能力。當你的心情起伏大到無法招架、動輒以不負責任的方式宣洩，或是整個抓狂暴走，失去較高階的理智運作功能，必須恢復冷靜時，（Siegel, 2010, 22），你有能力兼容並蓄各種情緒（不是壓抑）。

記住，沒有人可以完美融合這四個面向，不論我們的情緒智商多高，都有改善的空間。如果你跟潔咪一樣，那麼你擅長對內與向下調控，需要加強對外與向上調控。艾瑞克經過一番努力後，對外與向上調控做得很好，目前正在

情緒調控四面向：內・外・上・下

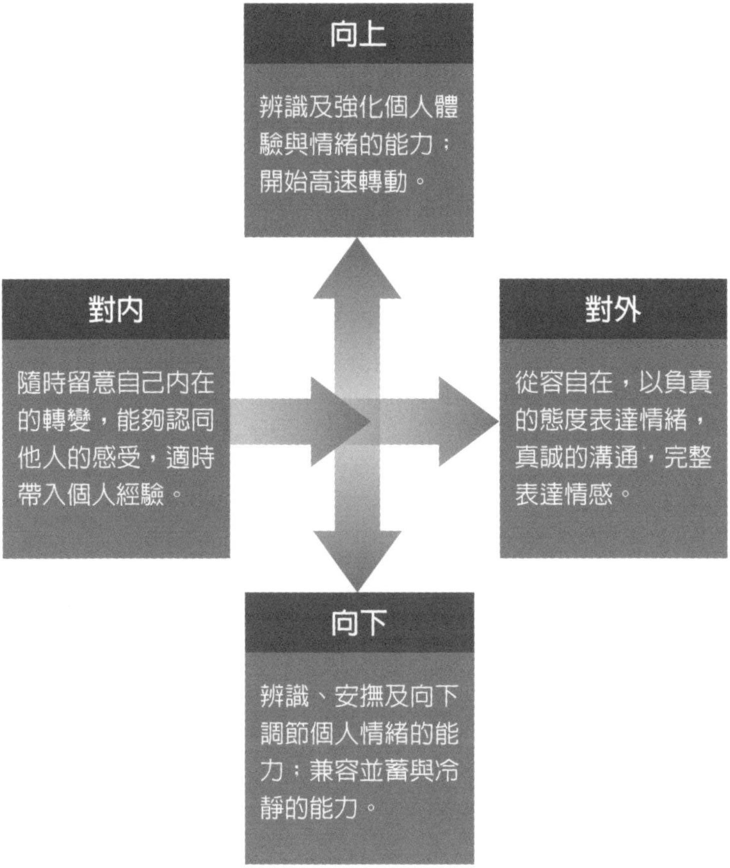
向上
辨識及強化個人體驗與情緒的能力；開始高速轉動。
對內
隨時留意自己內在的轉變，能夠認同他人的感受，適時帶入個人經驗。
對外
從容自在，以負責的態度表達情緒，真誠的溝通，完整表達情感。
向下
辨識、安撫及向下調節個人情緒的能力；兼容並蓄與冷靜的能力。

「對付」向下調控。

評估四面向

回顧之前的生活，尋找評估情緒調控四面向的線索。**對內**：有時候你是否搞不清楚自己的感受，需要強化自覺？**對外**：你覺得自己的情緒表達需要更強烈一點嗎？**向下**：有時候你是否覺得自己的表達方式應該收斂一點，或者不必那麼猛烈？**向上**：有時候你是否反應太慢，總是花太久時間才能夠進行下一步，或者展開互動？你需要改善情緒調控的哪個面向？內、外、上、下？

向內探索情緒

不確定自己是怎麼回事，搞不清楚這是什麼感覺，甚至對自己是否產生某種情緒都無法肯定？多注意身體的反應吧。留意自己的心情、想法與行爲，這些都能爲你帶來重要線索，協助你找到無法確認或被壓抑的情感。你正在學習觀察自己的內在。當你學著把注意力放在身體的反應，將更能了解自己的心情、想法與行爲，也就更能確認相關的情緒反應。

當個情緒偵探吧！

檢視隱藏在身體、心情、想法、行為裡的情緒線索：

◆**身體的反應**：你是否整個下巴收緊，手汗狂飆，心跳加速，胃部翻攪，胸口發悶，喉頭一陣緊，呼吸急促，揪心，括約肌緊繃，雙手握拳？

◆**心情與想法**：你是否神經緊繃，防衛心很強，嚴苛，害羞，愛挖苦人，愛挑釁，妄下斷語，脾氣古怪，喜怒無常，或者老是覺得「我好可憐」？

◆**行為**：你是否暴飲暴食，整天掛在臉書上，遇事能拖就拖，或者沉溺於其他軟癮？

上述都是掩蓋情緒，讓情緒變麻木的跡象。說出你的原始感覺，如恐懼、傷痛、憤怒、悲傷與歡樂，有助於打破束縛。

每小時監測某種感受

設定計時器，每小時響一次。每次時間一到，閉上眼睛，領略當下的原始情緒，立刻寫下來。隨著情緒感知能力的加強，你可能對各種感受的變化感到驚訝。

勇敢釋放情緒

壓抑感受的代價很高。如果你試圖隱藏自己的感受，也會同時榨乾了發展認知能力所需的重要訊息資源，而這種作法只會減弱你的記憶力，以及思考與決定的能力（Gross, 2002）。壓抑真實感受並不會讓你覺得比較好過；它牽制了你處理並有效運用情緒的能力。某種程度來說，封鎖某種特定感受，意謂著封鎖所有感受，包括歡樂、愛也同時被壓抑了。神經科學研究顯示，承認並表達真實感受，搭配應用其他幸福技巧予以整合，比一味壓抑高明多了。

李伯曼（Lieberman）與同事們的研究（2007）顯示，說出自己的感受可以安撫杏仁核，讓你的前額葉皮質重新上線，恢復有意識的、願景式的思考。你仍然會探索自己的感受，但同時可以藉助「幸福六招」，進一步思考釐清，以更有效率的方法面對真實的感受。

與伴侶或其他可信任的人分享感受，能同時刺激大腦語言中樞，使效果加乘。情緒表達的過程可能令人感到尷尬，不過，只要熟練運用描述感受的相關單字或同義詞，將它們納入個人常用字彙庫，情況就會改善。你也可以將個人感受寫成日記或一首詩，特別是一字一句用手寫下，有助於「馴服」情緒，為你的前額葉皮層帶來更多訊息資源。

要表達，別壓抑

點名叫陣，出招收服。把你的情緒註記分類，然後說清楚是恐懼、傷痛、憤怒、悲傷或歡樂。當這些感受出現時，你要說：「我生氣了。」或「我的心靈受到傷害。」這種方法很簡單卻很有效，能夠安撫激動的杏仁核，讓較高階的思考能力歸位。

行，你的「戰鬥—逃跑—動彈不得」反應模式可能已經啓動。也就是說，你處在心理高度亢奮的狀態，需要較高功能的大腦活動來因應。這時，情緒調控的向下技巧就派上用場了。我們並不是要你全面關機，變得麻木或壓抑感覺。向下調節的意義，在於有能力專注精神，在充分自覺的情況下展開行動。

我們都需要一定程度的壓力與亢奮，來刺激神經的可塑性，這也正是爭吵有益身心的原因之一。壓力或亢奮不足，大腦就無法啓動運轉或重新連線。我們必須亢奮得恰到好處——結合人類天性中平衡的力量——才能強化大腦神經網絡，處理並整合接收到的訊息（Cozolino, 2006）。

但是，一旦亢奮過度，大腦就會資訊氾濫了。我們進入杏仁核劫持狀態時會失控，使得大腦無法發揮較高功能的運作。當我們進入「戰鬥—逃跑—動彈不得」的反應模式時，不論哪一種極端情緒都不利於伴侶關係中的爭吵。

爲了減少「戰鬥—逃跑—動彈不得」的立即反應，你必須學習如何因應瞬間來襲的亢奮，換一條路走。記住，面臨這些情況時，你很可能把伴侶看成敵人或掠奪者，而不是愛人與最好的朋友。這時，很容易引發互動變化區間左側的破壞性行爲，並因爲火爆大吵或是以退縮懲罰彼此，而導致關係絕裂。

我們可不會讓你在這裡掉頭走人。這種相處模式的負作用太大，不能隨口用一句「都是杏仁核惹的禍」就敷衍過去。你必須發展出因應的策略，來「對付」你的亢奮，讓大腦恢復較高功能的運作，刺激前額葉的執行思考中樞，處理情緒並釐清如何因應這些杏仁核製造出來的狀況。重點不只是「冷靜」，更要搞清楚自己究竟是怎麼回事，所以，這是一個自我探索、自我揭露、自我了解的好時機。對被動攻擊型的人來說，首先要確認自己進入退縮模式，並承認這就是自己面對壓力的方式。不論你的反應是拒絕溝通或升高衝突，都是母體重組的關鍵時刻。我們必須先做的一件事，就是向下調節，掘取資訊。

坦承自己被杏仁核綁架，目前處於「戰鬥—逃跑—動彈不得」模式。你的前額葉就會重新上線，幫助你理解來龍去脈，讓你可以掌握狀況，獲得令人滿意的結果。應用「幸福六招」處理亢奮狀態。**確認**隱藏在煩躁情緒下的**渴望**。**利用互動七守則**讓自己學習承擔責任，說出事實眞相，把精神轉移到你想要**爭取**的事物上。**誠實揭露**自己內心的未竟事務突然冒出來。這意謂著你必須深入探索、深入了解，同時將你所知道的事分享給伴侶。一旦你了解並分享，就**解脫**了舊有模式的束縛，同時與你自己及伴侶變得更加親近。心靈開放的時刻就是**母體重組**的最佳時機，也是建立伴侶之間情緒紐帶與深層情感連結的關鍵時刻。

檢查你的脈搏

如果你不是正在健身，心跳卻每分鐘超過一百下，表示你被杏仁核綁架了！許多落在互動變化區間左側的惡劣行徑會讓你心跳加速，分泌可體松與壓力荷爾蒙，增加負能量。敷衍、苛責、防衛心超重、態度輕蔑，都可能激發你與伴侶的亢奮感。你可以採用互動七守則來因應。**立刻**開始！

鮑伯——給男人的建議

你在敷衍嗎？你乾脆相應不理，或者碎碎念、沉默以對、嘟嘟囔囔、改變話題、一走了之、漸漸淡出？敷衍拖延與退縮屬於「戰鬥—逃跑—動彈不得」模式。你自以爲冷靜，但麻木無感並不是冷靜。這些都是潛意識反應，你被綁架了，被杏仁核牽著鼻子走。在你展露敷衍態度之前，生理可能已經出現亢奮反應，於是你在潛意識裡企圖降低亢奮感。問題是，這不僅沒有解決任何問題，或者幫助你妥善處理，相反地，你一擺出敷衍的態度，伴侶馬上心跳速度飆升！她的身心都會受到影響，反應可能愈來愈強烈，直到把你也逼到爆發爲止（Gottman, 1999）。研究顯示，當女人心跳加速，可能變得挑剔，然後你就變得更退縮，於是你們便陷入惡性循環。脫離這種循環，或者喊暫停。

不是只有小孩才喊暫停

這種例子很常見，你們吵得不可開交，其中一方或雙方失去理智，說出稍後會讓自己超級後悔的話，或者你被情緒洪流淹沒，根本無法好好思考。這時，雙方應該暫時喘口氣，中斷戰事！事先安排暫時停止爭吵或衝突的信號，讓雙方可以冷靜一下，不再那麼激動，並承擔爭吵時自己該負的責任，應用互動七守則，落實「幸福六招」。趁著空檔重啓互動，至少各付一半的責任。把它當成拳擊賽每回合結束時響起的鈴聲，你們可以趁機冷靜，處理傷口，爲重啓互動做準備。

茱蒂絲——

在我們的婚姻關係初期，鮑伯吵架的本事比我強多了。我覺得他口頭爭辯的能力已經是黑帶等級，而我還在初期班。他火力強大，連珠砲似地對我掃射，我根本來不及接收他說了什麼。我急著想要搞清楚，並做出回應。這時，我會說出事先講好的通關密語：「我需要一點空間。」然後我們會停止爭吵（多數時候如此）。接著，我會到另一個房間或外面，喃喃對自己說這一切都是他的錯、他根本不了解狀況、他就是那麼自我中心……然後，就在我讓前額葉重新上線的過程中，逐漸看清楚自己面臨的問題，我眞正想要什麼、渴望什麼、什麼讓我感覺脆弱，而且不願意承認。我會應用幸福技巧，重返爭吵戰場，更負責、更有成效，更有能力運用互動七守則。

「暫停」必須有時間限制。你們必須在一段時間內重啓對話，時限可以是一小時或更久，總之遵守事前的約定即可。我們訂出二十四小時的上限。「暫停」不是藉口，不能順勢退縮，中止互動，表現得好像沒有吵架這回事，或者轉身離開，以各種方法懲罰對方。這是一個讓雙方冷靜的機會，藉此展開更直接、更負責的互動，進而解決衝突，促進雙向了解，讓彼此更契合。

善用暫停策略

暫停期間要確認自己的感受，一一點名並出招收服。這麼做可以降低你的亢奮感，讓你能夠應用互動七守則。一旦你明確辨認自己的感受：**我很不高興、我很害怕、我真的受到傷害了……**就能一定程度地緩和亢奮感，因此能夠思考，並計畫如何做出回應。

身體示警，提早發出「向下調節」訊號

警戒狀態！別動，留意身體感官的反應：**我的心跳加速。我快瘋了。啊，我不能動了……我無法呼吸**。好，現在做你應該做的事：**我得讓自己冷靜下來。我得把幸福技巧派上用場**。接著，說出你打算怎麼處理：**我要喊暫停。我要到外面晃一個小時……我得搞清楚我究竟是在渴望什麼鬼東西。我為什麼這麼激動？**快行動！應用「幸福六招」深入爭吵核心，搞清楚自己究竟怎麼了，進入全新的自我解放模式。

如果你被自己或伴侶逼到抓狂的境界，約莫需要二十分鐘來恢復冷靜，這時喊暫停再恰當不過了。你可以收拾心情，爲重返爭吵戰場或面對惱人的情況做準備。這是一段自我調適的時間。

修復關係：重啓互動，解決問題，重新建立連結

向下調節是一種強化情感連結的管理策略。只要你能夠留意內心的渴望，掌握引爆爭吵的眞正原因，就是重啓互動、解決問題的好時機。目的當然是要重新建立情感連結，但是，重啓互動時務必小心別擦槍走火，避免冷卻的戰火再次點燃。這種情況通常是因爲你覺得受傷，想要得到肯定，但是，幸福技巧應該有助於提升自我肯定。這同時也是了解伴侶想法的好時機。你付出努力，伴侶可能更樂意傾聽並肯定你的觀點。有些伴侶太早道歉，而這麼做只會陷入爭吵循環。坦承認錯要有實質意義，別只是虛應故事，敷衍你的另一半。

讓催產素噴發，撫觸力量大

親密伴侶之間發生衝突時，還有一種方法可以派上用場，那就是「撫觸」。千萬不要低估撫觸的力量，它可以幫助你有成效的利用爭吵，邁向成長。撫觸能啟動讓人感覺良好的催產素荷爾蒙，可以提高幸福感、信任感、讓人冷靜，感覺彼此緊密連結（Graham, 2013）。

你的身體與大腦這樣解讀具有支持意味的撫觸：我在你身邊，我會跟你一起分擔。撫觸有助於放鬆大腦前額葉調節情緒的區域，讓它們能夠掙脫束縛，執行「解決問題」的首要任務（Greene and Godrich-Dunn, 2014, 14）。

持續撫觸，但不能僅止於此。提出問題，仔細觀察，老實說話，保持好奇心，對「硬碰硬」的溝通保持開放態度，它們可以刺激分泌催產素，散發讓人感覺身心舒暢的化學物質。

勇敢的公開表達愛意

養成溫暖撫觸對方的習慣。在沙發上耳鬢廝磨，摟摟抱抱，摸摸頭髮，碰碰臉蛋。外出用餐時排排坐，這樣才能身體接觸。手牽手，緊緊勾住愛人的手臂，經常親吻，晚上摟著睡覺，跳慢舞。只要你們開心，一起做什麼都好。

親密雙人舞：和諧關係的神經魔法

一旦發展出情緒調控能力與情緒成熟度，你們的親密雙人舞就會更上一層樓。你們成爲兩個成熟的個體，深刻地撫觸對方，幫助彼此學習與成長。你們互相賦權增能，卻愈來愈有安全感。專注奉獻的態度讓你們成爲彼此的情感支持，共同達到情緒調節，有助於母體改變。

你們一方面強化連結的紐帶，同時協助對方調節情緒，安撫彼此煩躁不安的心情，讚美對方的成功，讓喜悅的滋味更甜美。你們會讓彼此的幸福體驗更深刻。這不僅使人感覺美好，讓彼此更契合，也確實可以改變大腦結構，幫助你們建立調節情緒的神經新通道。你們協助彼此進行母體重組，打造充滿關懷、同情、幸福感的神經迴路。

這不只是口語言談的分享，更包括你的撫觸、說話的聲調、眼神的交會，凡此種種幫助你們各自建立「上—下—內—外」的情緒調控循環。如果夠熟練，你們不需交談就能牽動彼此的母體重組。擁抱與撫觸具有安慰人心的力量。溫柔的聲音、輕撫頭髮或溫暖的目光，都能紓解煩躁，啓動非線性、右腦對右腦的溝通迴路，有助於母體重組。這類互動串連起你童年時期的情緒迴路，現在，你可以藉助親密關係的力量重新串連或進行母體重組（Siegel, 2012a）。

彼此撫慰、向下調節情緒，有助於整合個人經驗。當你感到快樂或興奮時，伴侶陪著你一同慶祝，分享歡樂，這個經驗將爲你建立向上調節的迴路，同時讓你更充分地體驗與他人分享的愉悅。當你與伴侶分享歡樂的消息，也同時從中獲益（Langston, 1994）。透過分享，你更能品味這次經驗，爲你們之間的關係增添親密感與歡樂。當你百無聊賴、不投入互動、提不起勁，這時如果你的伴侶激勵你，以鼓勵或挑戰的方式刺激你的情緒迴路，就能讓你「向上調節」，點燃行動力。

當你們一起經歷這些情境，就能分享彼此的感觸與共鳴，創造更和諧的心靈。你們共同體驗了神經整合作用（Siegel, 2006），連結大腦各個區塊，獲得幸福感，並建立同理關係與深層親密感。過程中感受到的溫暖與安全感，將爲自我探索奠定基礎；你的神經網路整合協調，心情因此自在舒適。你們彼此導引，進行情緒調節雙重唱，同時也讓自我調節的功力大增。當你們擴大彼此的情緒體驗，互相撫慰，同時也建立向下調節／撫慰自己，以及向上調節／強化歡愉的能力。分享彼此的共鳴是一項美妙的經驗，它結合了互相幫助、互相刺激與互相挑戰，目的則是追求極致成長（Cozolino, 2010）。

這就是親密雙人舞。你們體驗到深刻關係、共鳴、母體重組、與對方產生連結的神經魔法。共同生活成爲一場豐富、振奮人心、互相滋養的冒險。只要你們一起投入互動追求親密，你們的關係會成爲彼此心靈進化的容器，如同焚燒雜質的鍋爐般，是「最好的自己」的孕育之地。

Chapter 12
美好的一仗
拓展無限可能的願景

能夠愈吵愈幸福，代表你們遵循互動七守則，追求最好的自我，吵得有意義、有價值。這種「美好的一仗」的親密感，來自於渴望。它不只發生在兩人形同水火之際，在關係平和之時也會出現。這是一種關照內心渴望、互動關係與自我挖掘的訓練。截至目前，你已經了解「爭吵」並不是一個邪惡的名詞，它代表一種複雜的互動，你應該珍惜而不是逃避或害怕。吵出「美好的一仗」，你會發現超乎自己想像的全新自我、親密感與伴侶關係。

「美好的一仗」讓你以負責的態度，避免不需要的指責與怪罪，認眞面對人生與伴侶關係，你的爭吵是爲了達到特定目的，不是只想跟伴侶作對。你的爭吵是爲了找出眞相，擴大創造性與破壞性互動的比例差距。你爭吵是爲了自我揭露；爲了深入挖掘，找出隱藏在爭執底層的原因；爲了面對源自過去的恐懼、傷痛、憤怒與悲傷；爲了終結未竟事務，轉換負面思維。當你透過爭吵而自我解放，冒險突破固有模式，挑戰對伴侶關係的限制性信念，就能體驗自我認可的親密之力量。你會積極投入自我改造的過程，參與伴侶關係的再進化。你爭吵是爲了能夠全心全意**感受**，並利用情緒智慧深化對自己與伴侶的了解。你爭吵是爲了自我成長，成爲最好的自己，並能夠給予伴侶力量，彼此同步強大。吵一場親密無間的「美好的一仗」，你們會愈吵愈幸福。

浪漫的追尋，英雄的旅程

「美好的一仗」這種事，只有冒險追尋目標的英雄才能夠承擔。這條路並不好走，收穫卻豐沛而甜美。

還記得「羅曼史」激勵人心的定義吧：富於冒險與興奮的精神或感覺，具有創造英雄式結局的可能性。扔掉「他們從此過著幸福快樂生活」的浪漫童話，那根本無法創造親密的伴侶關係，相反地，你應該展開一場漫長而艱困的追尋，找到建立關係的無盡寶藏。在這場追求幸福關係的英雄戰鬥旅程中，你探索新領域，進入黑森林，斬斷荊棘，與怪物（我們內在的魔獸）搏鬥，體驗各種試煉，圓滿成長的任務。

畢竟，讓人深受啓發的，是這些英雄兒女勇敢接受挑戰，展開追尋的故事，而不只是他們在海灘漫步的場景，或是在落日餘暉中狂歡、關起門來在臥房裡的行動劇。這場追尋讓我們想起某種更深刻的召喚，某種超越自己的機會，或者發現自己與伴侶的天賦，發展出兩人之間的親密連結。

喬瑟夫・坎貝爾（Joseph Campbell）讓英雄的追尋成爲廣受歡迎的概念，我們通常可以在神話類型故事中找到這種激勵人心的情節，比如《奧德賽》與《星際大戰》。如果伴侶之間打了「美好的一仗」，同樣具有激勵人心的效果，並且值得讚賞。他們發現存在內心深處的力量，就像《奧德賽》裡的希臘衆神，或者《星際大戰》裡的原力。愈吵愈幸福的伴侶們發現了勇氣、力量、了解、同理心與親密。他們發展出遠遠超乎自己想像的能力。道格與狄妮在展開旅程之初，何嘗能夠想像他們竟然可以從「勞燕分飛」走到「攜手突圍」。他們在追求職涯、教養孩子與個人發展方面，給予對方很多自主空間。有了強大的伴侶關係與深刻的愛做後盾，他們各自取得博士學位，在各自的專業領域成為意見領袖。

我們之前戳破了「從此幸福快樂」的迷思，擁有神話人物那些令人敬佩特質的伴侶們，不會陷在這種思維，當前方出現阻礙時，他們持續跟黑暗力量搏鬥、掙扎，也許曾失去信心，甚至放棄，卻總是能夠再次奮起。他們在過程中有尊嚴的成長。對那些追求愈吵愈幸福的伴侶們來說，只要展開旅程，收穫永不止歇。既然你學了「幸福六招」，就讓自己踏上追求自我認可與共享親密的旅程吧。

接受召喚，還是抱著老掉牙的想法不放？

英雄自願離家遠行，就像持有魔戒的佛羅多；英雄也可能被迫展開旅程，

譯注
① 在《聖經・約拿書》中，希伯來人先知約拿不服從上帝的指示，拒絕執行到尼尼微城示警的任務，遭到被鯨魚吞入腹中三天三夜的懲罰。他在魚腹中讚美上帝，終於獲釋，然後老老實實走了三天，前往尼尼微城完成任務。

就像受困在鯨魚肚子裡的約拿①。不論他們爲了什麼理由而啓程，都發現了意想不到的未知世界。當你爲了追求幸福而展開戰鬥，你將遠離建立關係與爭吵的舊有模式，遠離母體的限制性信念，以及對伴侶關係的過時錯誤迷思，你發現建立伴侶關係與深刻親密的新方法。

如果你墨守成規，就不可能展開奇幻旅程。許多伴侶緊黏著熟悉的模式，無視於美好願景的召喚。他們爲自己的行爲找藉口：**其實這樣也不算太糟……情況會改善的……也許我應該另外找對象……如果他肯改變，一切都會沒問題的……我受不了吵架；如果我不管它，問題自然會消失……只要我們停止爭吵，一切都會沒問題的……**

你可以從這個角度思考：每一次爭吵都是在向你提出冒險召集令，提醒你以不同的方式來處理問題。關於冒險召喚的明確提示，以及拒絕召喚的後果，不妨想想電影《今天暫時停止》②的情節。劇中比爾．墨瑞飾演的角色一再忽略召喚，終於有一天覺醒了，接受挑戰，激發出自我最好的一面，並建立親密的伴侶關係。一旦展開冒險旅程，每踏出一步都會帶領你走向新領域，有些令人歡愉，有些不怎麼舒服，但是，旅程的每一個環節都是來自新世界的邀請。

譯注 ②《今天暫時停止》（*Groundhog Day*）：是一部一九九三年上映的電影，劇中人物陷入時間倒轉，每天睡醒時都重返二月二日，也就是當地每年一度的「土撥鼠日」。

也許你的伴侶關係面臨危機，也許你看見其他伴侶擁有更具冒險性、更親密的人生，也許你藉由像這樣的書籍發現了新的可能。你可能已經著手改善伴侶關係，看見它爲你打開從來不曾想像的各種可能性。你終於明白，親密與令人滿意的關係，必須要靠自己去追求、去創造。因此，你將繼續這趟旅程，記住：愈是依循內心的渴望，你的追尋將會更深入、更深刻。

回應召喚

什麼樣的伴侶關係冒險旅程向你發出召喚？你渴望什麼？被什麼樣的挑戰吸引？把這些挑戰，以及伴侶關係中習以為常的相處模式，當成冒險的召喚。你必須回應召喚。

勇敢穿越黑森林：面對危險，發現寶藏

喬瑟夫・坎貝爾形容追尋的歷程是一個「同時充滿危險與寶藏，決定命運的領域」（2008, 48）。這些**危險**，如壓抑的情緒，你早就遺忘的、不愉快的回憶，錯誤的信念，來自母體的反射性行爲，痛苦，憤怒，以及童年時期未竟事務所引發的恐懼，通常會在爭吵時浮現。當你挺身面對危險，它們就轉換爲關係中的**寶藏**。當你使出「幸福六招」對付這些危險時，可以更清楚地看見並了解自己與伴侶，體驗更強烈的同理與同情，深化彼此的情感連結與契合。這些神奇時刻正是進行母體重組的大好機會。

道格勇敢面對危險，與狄妮爭吵，他擴展了自己承擔風險與坦誠表述的能力。這些經驗與狄妮的支持，讓他變得更有勇氣，進一步賭上了自己賴以維生的專業。在深入研究實際狀況後，他贊助一位素負盛譽的諾貝爾獎學者舉辦研討會，會中指出目前經濟學理論應用在投資行爲時的種種限制，並提出徹底改革的建議。他的冒險得到回報，但的確存在「一場空」的可能性。同一時間，

狄妮也冒著風險接下一個高難度的管理職。他們每每深入爭吵核心，就能挖掘出旺盛的幸福戰鬥力，找到迎接人生挑戰所需的能量。他們找到親密與伴侶關係的寶藏，不論個人與職涯都獲致更大的成功。

磨練與考驗之路

別指望你的追尋之旅會一帆風順。道格與狄妮勇敢迎向冒險，隨時準備接受反覆出現的考驗。不論是伴侶關係、專業挑戰與教養問題，他們都經歷了許多磨練。他們正面接受挑戰，很難想像狄妮曾經是個滿腹牢騷的「受災戶」，而道格曾經是個疏離、冷淡、沒有參與感的男人。

你參與的每一場爭執，都能衡量你投入的程度，並有助於強化幸福技巧，當然前提是你得真心誠意的投入。每一場爭執都暴露出你的脆弱面、內心的未竟事務、有待克服的障礙，以及有待學習的人生課程。

當雙方的緊張情勢升高，爭吵隨之而來，混亂一觸即發時，你也將持續接受考驗。當你面對考驗時請記得：

◆確認自己的渴望。
◆以負責任的態度參與創造性互動。
◆揭露內心的未竟事務。
◆自我解放，找到新的生活態度及爭吵方式。
◆藉由母體重組發展新的信念及生活方式。
◆專注奉獻。

英雄無法通過所有的考驗，你也沒辦法。在過程中愈戰愈勇、重新投入，才是關鍵。英雄不需要完成每個行動、通過每次試煉，但必須能夠從中學習。專注奉獻的態度能幫助你擷取教訓，不因爲失敗就打退堂鼓。

婚姻之路，生活之道

想想武術高手站穩腳步，回應迎面襲來的重擊，將攻擊者的力道還諸其身，以敬重的態度迎戰對手。只要演練「**婚姻**武術」終極六招，你就能引導伴侶關係內在的張力，讓需求、背景、習慣與渴望都不同的兩個人，達到和諧狀態。你努力平衡各種衝突的驅動力，即想要在一起，又想保持自我，想要彼此牽掛，又想逃避，想要親密，又想保持距離。這些緊繃的能量往往成爲衝突的導火線，在處理這些緊張衝突的過程中，你的「**婚姻武術**」就成爲愛與情感連結的基礎。

能夠引導內在的張力，是婚姻關係深刻且親密的標記。中國人稱這兩股對立的驅動力爲「陰」與「陽」。學會如何處理這些張力，你的變通能力也會提升。你更能夠學習活在當下，體驗生之喜樂。你更能夠誠實展現自我，遵循內心渴望的引領。

婚姻高手是「心戰士」。爲了追求美好的一仗，你的戰爭是有目標的，也有原則可以依循。身爲一名「心戰士」，你專注實現內在深層的渴望，學習成長，激發出最好的一面。吵出「美好的一仗」，可以提升情緒成熟度，讓自我的發展更圓滿，因此能夠善用伴侶關係及其影響力，讓彼此都能成爲最理想的自己。

「心戰士」持續調整適應，互相爭論，甚至爆發爭吵，以藉此自我訓練及保持熟練，讓自己能夠更有技巧的投入充滿感情的衝突。他們知道這不只是一場爭執，而是一場運動，所以必須維持戰鬥狀態，不會只想著畢其功於一役。「心戰士」隨時監測自己的弱點，努力改善它們。

啓動「美好的一仗」時，你必須進入「心戰士」模式，對下列事項提高警覺：

◆來自母體的、削弱自我力量的想法與信念，造成你的壓抑和退縮。

◆容易放棄或屈就的傾向。

◆出現責怪對方、逃避責任的防衛性反應。

◆破壞性互動，動輒得咎，而不是探索創造性互動的可能性。

◆行動多半落在互動變化區間左側。

旅程中的盟友，激發你的終極潛能

英雄有盟友與幫助者，包括你的伴侶，以及其他踏上追尋之旅，想要愈吵愈幸福的伴侶們，都可以提供明智的建議。他們會爲你帶來所有成功英雄所需要的支持。

想想古早與當代神話中出現的盟友，奧德賽有智慧女神雅典娜，天行者路克則有歐比王．肯諾比。他們在追尋之旅的途中並不孤單。你必須尋找並結交盟友。同時，還要能夠看出哪些人會虛耗你的能量，並拒絕他們的干擾，否則你將會陷入責怪他人與自憐的泥淖。眞正的盟友不只在你遭逢逆境時力挺，也會在你春風得意時提出激勵與挑戰。你的伴侶可能是你最堅定的盟友。不論你們爭吵、嘻鬧、做家事或做愛，每一種互動都可以是成長與轉化的機會。你們的關係可以支持你完成夢想。

盟友可以激發出彼此的終極潛能。支持你的伴侶追求她／他的願景，不是你對她／他的期待，是她／他對自我最深切的期許。這稱之爲「米開朗基羅現象」（Rusbult, Finkel, and Kumashiro, 2009），你幫助伴侶塑造出「理想自我」。肯定彼此「理想自我」的伴侶，不只能夠在生活中激發出雙方最好的一面，在各自趨近理想的同時，也能夠發展出更令人滿意的關係。你們的每一次互動都是「塑造」彼此的機會。

盟友對彼此的理想形象懷有期待，你欣賞伴侶的眞實本色，知道她／他可以變得更好，你也喜愛「未來」的她／他。你將受到伴侶追尋願景的啓發，也開始爲自己的成長目標而努力。然而，你對伴侶的改變也不是毫無貢獻，你可能看見她或他自己未曾察覺的天賦與潛能。你不需要依照自己的標準來改變對方，而是相信她或他的潛力，支持她或他朝追夢的方向前進。我們往往需要深愛的人或其他人的刺激，才能讓自己的渴望活起來。如果你壓根不知道渴望的存在，或者因爲限制性信念而將它扼殺，就很難對某些事物產生渴望的熱情。

茱蒂絲——

鮑伯對我的未來勾勒出一片願景：我會成爲作家、公眾演說家、拿到博士學位、與他共同創立研究大學，以及其他許多可能。他對我有信心，同時看見我自己無法想像的各種可能發展。我從來不曾說出這些夢想，抱持極度自我設限的觀念。當我認爲達到某些成就已經是極限時，他的信心讓我有勇氣摘取天上的星星。我寫出暢銷書《早安美國》（*Good Morning America*）與《20/20》，還上了歐普拉脫口秀，他絲毫不覺得意外。對我來說，這是一次意義重大的母體重組。我經常與他爭吵，掙扎著想要抗拒、想要退縮……而當我終於能夠坦然面對時，他期待我完成夢想的心意總令我感動又興奮。

體質愈好的伴侶關係愈能夠讓你成爲「更好的人」。你的成長同時也刺激伴侶關係的改善，因爲你帶動另一半向上提升。伴侶之間如果經常感受到對方向上提升的力量，不論是新點子、不同的生活方式、特別的經驗、觀點或知識，你對這份關係就會更滿意、更忠誠。

從此過著深刻而幸福的生活

當你遵循「愈吵愈幸福」技巧，會有什麼結果？當你勇敢面對衝突，你的內在與伴侶關係會發生什麼變化？

你將會感受到兩人世界被一種深刻、持續成長的愛層層包圍。充滿溫柔的憐惜與同情，當然也有挑戰與批評，這樣的關係不會停滯，只會持續成長，是一段令人振奮的夥伴情誼大冒險。從此之後，你將過著深刻而幸福的日子。

所有幸福課程在此集大成，發揮終極效益。這裡勾勒出來的願景是兩個眞誠的人，充分保持自我獨立，卻共同打造眞誠的、値得尊敬的夥伴情誼，致力讓彼此的天賦發揮加乘擴大的效果。

在愈吵愈幸福的過程中，我們並不只是強調解決爭端或改善伴侶關係。我們認爲它是超越傳統、適用於持續進化之伴侶關係的模板。想要愈吵愈幸福、持續進化的伴侶們，能爲彼此創造許多可能性，擁有無限深入的親密、無限擴展的愛，以及永不停止的冒險旅程。

與自己、伴侶及更遼闊的世界連結

在深入爭吵核心並繼續挺進的過程中，英雄兒女們都改變了。你帶著全新理解的寶藏回到日常生活，大方分享追尋之旅的收穫，包括你在愈吵愈幸福過程中學到的種種，以及它所帶來的愛、智慧、自由與知識（Vogler, 1988）。英雄的追尋不只嘉惠英雄或英雄的伴侶；它對所有人而言都是利多。

事實上，當深入爭吵核心時，我們與伴侶的連結會更深刻，不只探觸彼此的內心，心靈與大腦也開始互動，創造一種思維深度持續進化的狀態（Tronick et al., 1998）。你的思維深度會超越你對自我的認知。這種體驗提升了你的知覺、你的成長，以及自我存在的意義，深化了你與自己及伴侶的情感連結。

你不只強化了與自己及伴侶的連結，這份連結也同時改變了你周圍的世界。你體驗的親密感，將讓你勇於探索人生的各個領域，因此也更容易與其他人產生較深層的接觸。

你可能從日常生活中觀察到更多細節，更能了解人與人之間其實存在深刻的連結，而這份連結又是如何擴及我們生命網絡中的所有生物。當你與伴侶產生情感連結，就開啓了連結一個更遼闊世界的開端（Siegel, 2010）。當我們感受到與伴侶之間愈來愈深刻的愛，我們同時燃起了對人性的愛。

此刻，你正在追尋眞愛的旅程途中，努力邁向爭吵核心，藉著眞誠的衝突與無盡的熱情，追求持續成長的親密感。你要打「美好的一仗」。爲了滿足內心的渴望而戰，爲了自我揭露而戰，爲了發現埋在爭吵底層的眞實原因而戰，爲了對抗限制性信念而戰，爲了挑戰扭曲自我認知的潛意識母體而戰。你學習如何透過爭吵，把眞實的自己攤在伴侶面前，不論那是什麼樣的自己。你透過爭吵進行自我解放，勇於冒險、大膽行動，衝破自己的極限，潛入更深的內心深處，尋找眞正的自己，尋找更具包容性的親密。你透過爭吵，持續且有策略地進行母體重組，展現最好的自己，創造充滿活力的親密關係。你透過爭吵，不斷地做出選擇、勇敢冒險、學習、成長、再進化。你思慮清楚地進行自我改造，發展出活力充沛、持續成長的幸福關係。建立伴侶關係的目的也更遠大了，因爲你不只要讓自己變得更好，還要激發伴侶與周邊所有人最好的一面。

你把愛分享出去，其他人受到啓發，回應冒險的召喚，展開屬於自己的追尋之旅。

當你這麼做的時候，請想像世間所有愛人們透過互動持續成長，打起「美好的一仗」，推動屬於他們的改變大作戰。想像世間所有伴侶都展開幸福旅程，探索引發爭吵的核心問題，尋找深沉的愛，並與他們所關愛的人分享。

想像世界上所有的伴侶關係都能激發彼此最好的一面，每個人都能夠自我提升，並對這份關係有所貢獻，帶來更多養分。每一對伴侶在爭吵中都能承擔各自的責任，避免互相責怪，學習並應用富有創造性及建設性的互動守則，讓爭執變得有意義。每一對伴侶都知道，他們有責任讓自己成長，發展情緒成熟度，盡其在我，讓自己更上一層樓。想像世上每一段關係都是愛與眞實的冒險；所有爭吵都是誠懇的，能夠說清楚講明白的；伴侶們互相賦權增能，讓彼此更強大，並且互相激勵。人們很眞實、很自由，透過眞誠的衝突帶來進步與成長。想像所有爭吵都有其目的，能促進情緒成熟度，使人有能力因應關係中產生的痛苦、憤怒或恐懼，並將它們轉化爲成長、改善、了解、同情心、對自己與伴侶更深刻的愛。想像孩子們在眞實而自由的環境中成長，他們成爲情緒成熟、活力十足、有責任感的大人，繼續發展自己的人際關係。

想像世上每個人都打起「美好的一仗」，展開探索渴望之旅，投入有變革能力的互動，自我觀察並揭露內心最深處的轉折，自我解放，打破各種限制性信念，建立新母體，培養賦權增能信念，負責任、眞實，有充滿愛的生活方式。每個人都堅持做最好的自己，在伴侶關係中展現最棒的一面，也把這份關係視爲裝載持續進化之愛情的容器。

這就是「美好的一仗」——愈吵愈幸福。希望你能夠發展出自己最好的一面，並激發出身邊所有人的潛質。希望你的親密旅程大豐收，能體驗到內在深層的回饋，而在你強化愛與歡樂的同時，希望你能夠廣爲散播幸福的種子。

好好吵架！——深入內心，挖出渴望，讓親密關係再進化

作　　者——茱蒂絲．萊特
（Judith Wright EdD）
鮑伯．萊特
（Bob Wright EdD）
譯　　者——蔡宜容
特約編輯——洪禎璐

發 行 人——蘇拾平
總 編 輯——蘇拾平
編 輯 部——王曉瑩
行 銷 部——陳詩婷、曾曉玲、曾志傑、蔡佳妘
業 務 部——王綬晨、邱紹溢

出版社——本事出版
台北市松山區復興北路333號11樓之4
電話：(02) 2718-2001　傳真：(02) 2718-1258
E-mail：motifpress@andbooks.com.tw
發　行——大雁文化事業股份有限公司
地址：台北市松山區復興北路333號11樓之4
電話：(02) 2718-2001
傳真：(02) 2718-1258
E-mail：andbooks@andbooks.com.tw
封面設計——POULENC
排　　版——陳瑜安工作室
印　　刷——上晴彩色印刷製版有限公司
2017年 1月初版
2021年 2月二版 1刷
定價　台幣420元

The Heart of the Fight: A Couple's Guide to Fifteen Common Fights,
What They Really Mean, and How They Can Bring You Closer

ISBN 978-957-9121-79-8

國家圖書館出版品預行編目資料
好好吵架！——深入內心，挖出渴望，讓親密關係再進化
茱蒂絲．萊特（Judith Wright EdD）&鮑伯．萊特（Bob Wright EdD）／著　蔡宜容／譯
—.二版.— 臺北市；本事出版：大雁文化發行，2021年2月　面　；　公分. –
譯自：The Heart of the Fight: A Couple's Guide to Fifteen Common Fights,
What They Really Mean, and How They Can Bring You Closer
ISBN 978-957-9121-79-8（平裝）
1. 婚姻　2. 衝突管理
544.3　　109019427